a fina lâmina da palavra

a fina lâmina da palavra

Leda Maria Martins

Cobogó

In Memorian

Para

Marco Rodrigo Ribeiro Martins, meu filho

e

Alzira Germana Martins, minha mãe

Meus bem amados

Meus bem lembrados.

Aos meus amigos, com afeto.

O vocábulo pode ser música ou pode ser trovão

Cruz e Souza

Sumário

Em fólios

A fina lâmina da palavra reúne breves ensaios anteriormente dispersos em outras publicações, com o acréscimo de alguns inéditos. Há alguns anos o querido Pedro Kalil, a quem com afeto agradeço, me sugeriu reeditar alguns dos meus artigos, emprestando-lhes ainda algum valor. “Será?” Respondi. Tempos depois me sugeriu uma primeira montagem. Ainda que com relutância, aceitei a ideia, expandi a seleção, e aqui está o livro. O que há em comum entre esses ensaios? Apenas exercícios de pensamentos imperfeitos sobre literatura, dramaturgia, teatro e artes visuais. Pontualmente editados e rearranjados. Escritos despretensiosos que abordam temas que me são prazerosos e instigantes objetos de reflexão.

Meus mais profundos agradecimentos aos que participam desta publicação. À Editora Cobogó, à sua diretora Isabel Diegues e à sua competente e afetuosa equipe; à Olívia Almeida, que inicialmente reviu e preparou o conjunto de originais; e a Elias Gibran, produtor cultural e amigo que não só me estimulou, com inesgotável compreensão pelas pausas involuntárias em todo o processo, como também conduziu as parcerias.

E, com particular apreço, minhas reverências aos que me oferecem sua preciosa leitura.

Leda Maria Martins
Belo Horizonte, 2025

Textos que dançam

O conjunto de textos que compõe *A fina lâmina da palavra* contribui para a compreensão da extensão e diversidade do pensamento e da escritura de Leda Maria Martins. Uma reunião de ensaios que apontam tanto para a reflexão crítica como para os meios de sua realização. Nesse movimento, se percebem as derivas de seus conceitos, assim como o alcance de suas elaborações, que perpassam espaços, tempos, artes e poéticas das mais variadas. E evidenciam a vitalidade de suas ideias e como elas reverberam em obras distintas entre si e, ainda, como se relacionam com seus outros livros e claves teóricas. Uma obra que não se fecha em si mesma, mas que guia caminhos e nos leva a percorrer escrituras de modos diferentes, olhando paisagens conhecidas como se novas e/ou abrindo espaço em terrenos até então não familiares.

Uma primeira possibilidade para pensar esse conjunto de textos seria entendê-los como um viés mais crítico, enquanto seus outros livros, pela construção de conceitos, poderiam soar mais teóricos e/ou filosóficos. Essas dicotomias, como ela bem alerta, não podem servir como chave de leitura para construções mais complexas que ela mesma elabora. Além disso, se mantivesse essa dicotomia, estaríamos deixando de lado a produção poética e dramática de Leda Maria Martins. Sendo assim, é importante ajustar a mirada diante desses textos (e dos demais), pensando-os como teóricos-críticos-poéticos-performáticos.

Essa conjunção de veredas que sempre se entrecruzam, portanto, faz com que estejamos diante de elaborações que se interpenetram e que a nossa leitura tenha que ser ajustada e reelaborada, abrindo caminho não só para novas ideias, mas também para novas formas de apresentação e reflexão.

Penso aqui, por exemplo, na possibilidade que Roy Wagner coloca diante de nós quando desafia a nossa perspectiva da própria reflexão da e sobre a linguagem. Se a preocupação é somente com o sentido, toda reflexão se torna, de alguma maneira, uma espécie de ciência do sentido. Wagner, entretanto, vai pensar em outra possibilidade, tomando como ponto de partida a metáfora, que faz com que o que se expressa também se transforme naquilo que é expressado. Ou, como resume o antropólogo, uma incidência que é, "ao mesmo tempo, o que ela *é* e *sobre* o que ela é".[1] O que proponho aqui é que a obra de Leda Maria Martins, de modo geral, não é só sobre alguma coisa, ela também é (e se transforma em) muitas coisas, mas se configura nesse duplo movimento.

Essa configuração, inclusive, está presente em uma série de textos e representações que ela presentifica em seus trabalhos. Desde o teatro negro de *Cena em sombras* — que não é somente uma dramaturgia que fala sobre essa perspectiva, mas um conceito que é também marcado pela negrura — até interesses que ela manteve sempre presentes durante sua carreira, desde o Teatro do Absurdo — que está em seu livro sobre Qorpo-Santo[2] e além — até a própria ideia do trágico (que é a tragédia, mas também é

---

1. Wagner, Roy. *Símbolos que representam a si mesmos*. Trad. Priscila Santos da Costa. São Paulo: Editora Unesp, 2017, p. 8. Grifos meus.

2. Martins, Leda Maria. *O moderno Teatro de Qorpo-Santo*. Belo Horizonte: Editora UFMG/UFOP, 1991.

outro movimento), que encontramos aqui quando ela reflete sobre *Senhora dos afogados*, de Nelson Rodrigues. Movimento duplo que aponta desde já a encruzilhada e a aporia, já que não se quer uma superação ou escolha de um ou outro, mas uma forma produtiva de elaboração teórica-poética-crítica-performática.

Nesse sentido, a primeira parte deste volume, que recebe o nome de *Estiletes*, é imprescindível para a reflexão sobre a poética da negrura, mas também para entender o trabalho de Leda Maria Martins, afinal, seu texto é sobre, mas ele também é. Ao abrir passagem com Machado de Assis e o conto "Pai contra mãe" e seguir viagem com Cruz e Souza, a poeta não só cria um encadeamento de ideias, mas produz vereda reflexiva sobre o próprio jogo entre o passado, presente e futuro ou, melhor dizendo, cria uma espécie de simultaneidade de questões que não necessariamente vai encontrar respaldo em uma leitura linear da história. Compondo com o que o Ocidente pensa sobre passado-presente, seu texto parece incluir sempre um futuro, indicando as linhas de fuga do próprio pensamento e seus desdobramentos que daí podem derivar. Então, não se trata somente de uma espécie de antologia da poética negra, mas uma forma própria de pensar e intervir nas nossas concepções de literatura (e outras artes).

Esse primeiro conjunto de textos indica ainda mais do que pode parecer em uma primeira leitura: ele não só reconstitui e elabora sobre a produção poética negra brasileira, como também se constitui como um modo de reflexão que se atenta para a própria construção. Assim, indica que a chamada "virada decolonial" na teoria não se resume somente à abordagem ou aos temas construídos, mas acontece na própria construção do texto, dando espaço para a poesia enquanto reflete sobre a produção poética. Ou seja, é também um jeito de fazer teórico-críticopoético que estabelece outras possibilidades, o que, aliás, Leda Maria Martins já realizava em suas outras obras. Veja que essa prática é constitutiva de um livro como *Afrografias da memória*, em que a procura pela reflexão se instala na própria escritura da autora. Nesse sentido, acho importante pensar que a busca que Leda Maria Martins realiza em seus textos também é do como construir a reflexão, algo que, talvez, não seja explícito, mas que é essencial para entender sua produção. Não é à toa que o fechamento do primeiro conjunto de textos seja a partir de versos da própria autora, que indicam aporias entre história e memória.

Retomo a aporia porque ela parece também constituir um dos motores de seu pensamento. Não se trata aqui de um pensamento em curto-circuito, nem mesmo um pensamento que fica com o problema, para lembrar a elaboração de Donna Haraway, mas um que se aproxima de Jacques Derrida[3] e que indica não uma estrutura paralisada, mas uma experiência da responsabilidade que nasce por atravessar "limiares contraditórios" e "escolhas impossíveis". É por entender que o pensamento é sempre movente que a aporia aparece nas construções teóricas como operação mobilizadora e dinâmica que abre as possibilidades da reflexão e de sua própria escritura. Então, se Leda Maria Martins pensa sobre um teatro que afeta e problematiza a perspectiva do espectador, e que estimula reações dele a partir de aporias encenadas, é importante pensar que seu texto também se constitui um pouco desta maneira: um pensamento movente

3. Derrida, Jacques et al. "Forgiveness: A Roundtable Discussion with Jacques Derrida". In: Caputo, Dooley; Scalon (orgs.). *Questioning God*. Bloomington: Indiana University Press, 2001, p. 52-72.

que causa também o movimento do pensamento, calcado em uma responsabilidade da e na linguagem.[4]

Em um outro momento,[5] Leda Maria Martins refletiu sobre a sua admiração pelos textos que Roland Barthes definiu como *escriptíveis*: aqueles que forçam a continuação da escrita, que não estão encerrados em si mesmos e que, a partir de suas próprias construções, fazem nascer outras. Isso talvez ajude a entender o conjunto de obras que a autora aborda, mesmo quando parecem distantes entre si. Por essa lente, conseguimos fazer a ponte entre *Joias de família*, de Zulmira Ribeiro Tavares, e *Buraquinhos*, de Jhonny Salaberg; entre Jota Mombaça e Dione Carlos. Esse elenco que a autora revisita tem como característica algo que ela já encontrara nas *Performances do tempo espiralar*, desde a lírica dos afetos dos Maxacali às performances que ela conceitua como *corpo-tela*. Obviamente, cada uma dessas obras chama uma abordagem diferente, porque também são diferentes, em alguns

4. Uma questão que merece atenção e investigação futura é a relação da obra de Leda Maria Martins com o Barroco, suas relações de opostos e aporias e sobretudo as dobras. Como coloca Gilles Deleuze (*Leibniz e a dobra*. Trad. Luiz Orlandi. Campinas: Papirus, 1991, p. 13), "o barroco não remete a uma essência, mas sobretudo a uma função operatória, a um traço. Não para de fazer dobras. Ele não inventou essa coisa: há todas as dobras vindas do Oriente, dobras gregas, romanas, românicas, góricas, clássicas... Mas ele curva e recurva as dobras, leva-as ao infinito, dobra sobre dobra, dobra conforme dobra. O traço do barroco é a dobra que vai ao infinito". Além disso, poderiam ser estabelecidas outras pontes entre a elaboração dela e de seu amigo Haroldo de Campos e com as explorações sobre transcriação, o poético e as formas poéticas. Nesse sentido, seria possível até mesmo encontrar aproximações da produção de Leda Maria Martins, a poesia concreta e as elaborações experimentais de diversos matizes.

5. Martins, Leda Maria; Kalil, Pedro. *Leda Maria Martins*. Belo Horizonte: Relicário Edições, 2022.

momentos convocando o corpo, a dança, a sinestesia de cores; em outros, conclamando o virtual e o fantasmático. Esses chamamentos, entretanto, não devem ser pensados como partes isoladas, como abordagens simplesmente autônomas, mas sobretudo complementares e que algumas vezes constituem, também, uma aporia. É como se Leda Maria Martins não só conceitualizasse o tempo espiralar — "o tempo espiralar resulta de múltiplas imbricações"—,[6] mas fizesse essa espiral ao longo de toda sua obra. Por isso, é importante pensar nos conceitos que desenvolve ao longo do tempo — teatro negro, encruzilhada, oralitura, tempo espiralar, corpo-tela, entre outros — não como conceitos independentes, mas também imbricados, que vão adiante e retornam, causando dobras entre eles, provocando interseções e fricções que não só apresentam certezas provisórias, como também aberturas para outras possibilidades do pensamento e do pensar. Nesse sentido, o texto de Leda Maria Martins pode ser pensado como uma utopia, tal como Édouard Glissant: "Nossa utopia pressupõe aceitar a ideia de mudança — não a ideia do absoluto que impomos a nós mesmos e aos outros."[7]

Do escriptível, Barthes parece derivar outros conceitos, tais como escritor (que se opõe ao escrevente) e o famoso *punctum*, que ele encontra na fotografia: uma espécie de detalhe que faz o pensamento se mover, uma imagem que se torna, daí, pensante. Na leitura que Hanneke Grootenboer faz de Barthes, ela destaca que a força pensativa é algo intrínseco de algumas imagens:

---

6. Martins, Leda Maria. *Performances do tempo espiralar, poéticas do corpo-tela*. Rio de Janeiro: Cobogó, 2021, p. 207.

7. Glissant, Édouard; Obrist, Hans Ulrich. *Conversas do arquipélago*. Trad. Feiga Fiszon. Rio de Janeiro: Cobogó, 2023, p. 49.

imagens que apresentam uma espécie de fissura, derivada de uma interrupção entre a narrativa e a expressão. É nessa pausa diante de uma pequena abertura que o espectador pode realizar o gesto de "adicionar à figura" e "tomar o seu tempo para encontrar o movimento de um olhar que é arrastado por um detalhe, e o período que nós ficamos refletindo sobre ele".[8] Nesse sentido, poderíamos pensar o texto de Leda como possuidor de muitos *punctums* — e por isso, também, um texto escriptível. Texto que força pensamento e percepções do mundo, incluindo aí a corporeidade, a música, a dança, as cores, o performático e a palavra, não só escrita. Veja o texto sobre a artista Sonia Gomes: esculturas que *bailarinam* no ar, a percepção que o movimento se instaura em objetos que dançam, mesmo quando imóveis. Ou as *gravuras da voz*, de Solano Trindade: "dicções polivalentes" repletas de forças poéticas que se configuram também imageticamente, como que gravadas em um suporte como o som.

O texto de Leda Maria Martins nos leva a continuar a pensar e a desdobrá-lo. Por isso, seus conceitos e elaborações se marcam não só por uma espécie de atualidade — apesar de também atuais —, mas por um *continuum* que pode sempre se atualizar no presente ou nos fazer reelaborar passado e futuro. Não é à toa que seus conceitos recebem acréscimos e outras leituras e possibilidades, ampliando o leque específico de elaboração da autora, como, por exemplo, Marcos Antônio Alexandre[9] realiza a respeito da encruzilhada — conceito-chave para toda elaboração de Leda Maria Mar-

8. Grootenboer, Hanneke. *The Pensive Image: Art as a Form of Thinking*. Chicago: The University of Chicago Press, 2020, p. 23.

9. Alexandre, Marcos Antônio. *O teatro negro em perspectiva: Dramaturgia e cena negra no Brasil e em Cuba*. Rio de Janeiro: Malê, 2017.

tins — ou no evento que aconteceu na Universidade da Califórnia, Berkeley, em 2013, com o título de Spiraling Time: Intermedial Conversations in Latin American Arts. Isso quer dizer que ninguém adentra nas elaborações de Leda Maria Martins sem derivar outras formulações, que se projetam tanto em engendramentos quanto em imaginação. Não é um trabalho que se quer categórico, fechado, prenhe de respostas conclusivas. Pelo contrário, é um trabalho que, a partir de perguntas, realiza outras, abrindo espaços e caminhos, construindo encruzilhadas, ao mesmo tempo que é uma. Enfim, como movente e pensante, se torna perceptível como suas elaborações são, justamente, encruzilhadas.

As referências que Leda Maria Martins carrega para dentro de seus textos também ajudam a pensar os caminhos de suas elucubrações, neste e em outros livros: Roger Bastide, Oswaldo de Camargo, Ruth Silviano Brandão, Kimbwandende Kia Bunseki Fu-Kiau, Gilles Deleuze, Edimilson de Almeida Pereira, Søren Kierkegaard, Achille Mbembe, Richard Schechner, Zeca Ligiéro, entre tantos e tantas outros e outras, indicam que os caminhos de construção de suas reflexões criam encruzilhadas entre diversas tradições de pensamento, mas sobretudo inclina-se a destruir qualquer tipo de ideal de pureza, mostrando as possibilidades de construção que se dão pelo encontro, tensionamento, trocas, bifurcações e desdobramentos. É por isso que seu pensamento pode se aproximar dos conceitos de performance anglo-saxões ao mesmo tempo em que se afasta deles para pensar as práticas performáticas da América Latina e África, sem excluir daí pensamentos que podem ser convergentes ou que, mesmo conflituosos, são produtivos. Nesse sentido, a obra de Leda Maria Martins deve ser compreendida diferentemente daquilo que Wole Soyinka denominou de ritmo criativo ocidental, constituído por "uma série de espasmos intelectuais",[10] por ser integrativa em suas proposições, abordagens, perspectivas ao longo do tempo, independentemente dos objetos abordados.

O desdobramento é também poético: pensemos no poema e depois dramaturgia, intitulada *Récita Nº 3 — Figurações.* A possibilidade de desdobramentos de seus textos em outras linguagens não se dá somente pelo intercâmbio semiótico, mas como expansão e deslocamento. A metáfora que cobre o texto, passa a recobrir o palco, em uma transcriação produtiva. Assim, suas leituras das mais diversas poéticas encontram os ecos criativos do uso particular que Leda Maria Martins empreende na língua e na linguagem. Um uso que, como afirmou Roy Wagner a respeito da metáfora, faz o texto (e, eu acrescento, as escrituras) dançarem.

Pedro Kalil
Professor, pesquisador e escritor.

10. Soyinka, Wole. *Mito, literatura e o mundo africano*. Trad. Karen de Andrade. Rio de Janeiro: Zahar; São Paulo: Edições Sesc, 2024.

I. ESTILETES

Estamos nós, os Bianos,
de enigma resolvido.
A lagoa onde somos
tem ideias de rio.

Edimilson de Almeida Pereira

Lavrar a palavra

No conto “Pai contra mãe”, Machado de Assis tece uma das mais potentes descrições de dois aparelhos de tortura escravistas, a máscara de flandres e o ferro ao pescoço:

> A escravidão levou consigo ofícios e aparelhos, como terá sucedido a outras instituições sociais. Não cito alguns aparelhos senão por se ligarem a certo ofício. Um deles era o ferro ao pescoço, outro o ferro ao pé; havia também a máscara de folha-de-flandres. A máscara fazia perder o vício da embriaguez aos escravos, por lhes tapar a boca. Tinha só três buracos, dous para ver, um para respirar, e era fechada atrás da cabeça por um cadeado. [...] Era grotesca tal máscara, mas a ordem social e humana nem sempre se alcança sem o grotesco, e alguma vez o cruel. Os funileiros as tinham penduradas, à venda, na porta das lojas. [...] O ferro ao pescoço era aplicado aos escravos fujões. Imaginai uma coleira grossa, com a haste grossa também, à direita ou à esquerda, até ao alto da cabeça e fechada atrás com chave.[1]

A alusão a esses aparatos é introduzida por uma descrição minimalista, em cuja fábula dois dramas se interligam: o de uma escravizada em fuga, Arminda, prestes a dar à luz, e o de seu

1. Assis, Machado de. *Pai contra mãe*. Rio de Janeiro: Cobogó, 2022, pp. 5-9.

opressor, Cândido Neves, um caçador de pessoas fugidas, ávido pela recompensa. Ele está na iminência de perder o próprio filho, bebê ainda, por carência financeira. No fim breve, a mulher aborta e seu algoz, salvo pelo lucro com a captura, já em casa, rejubila-se com o próprio filho entre os braços, sem lamentar a trágica perda da mãe que perseguira: "Cândido Neves, beijando o filho, entre lágrimas verdadeiras, abençoava a fuga e não se lhe dava do aborto. — Nem todas as crianças vingam, bateu-lhe o coração."[2]

Talhados pelos estiletes e requintes de Machado, a máscara de flandres, que silenciava o escravo, e o ferro ao pescoço, que lhe tolhia os movimentos, metonimicamente configuram as perversas relações de força e de poder entre senhores e escravizados, sob as quais sucumbe tanto o ainda não nascido como os mais nobres sentimentos, sentidos e experiência do humano. Referida pela sua literalidade de objeto desprovido de qualificativos, a máscara vaza nosso olhar, por feito da magistral escritura, da descrição minimalista, quase óssea, que a faz colar-se à retina do leitor, num efeito de transferência dramático, aterrorizante e aterrador, ponte para uma sagaz e irônica reflexão do autor sobre a condição humana, assujeitada pela tortura, pela dor e pelo silêncio.

Em Machado de Assis, mestre nos ofícios da escrita, a palavra, fina lâmina, revela-se poderosa e também ilumina toda uma produção literária de matizes negros, através da qual outros mais nobres aparelhos, os da escritura, inscrevem a poligrafia da negrura nos traços e corpo da letra.

Em um precioso ensaio, Cruz e Sousa, outro exímio estilista com as palavras, realça o elaborado e exigente ofício da escritura, no qual, não por acaso, também é virtuoso:

---

2. Ibidem, p. 44.

> O estilo é o sol da escrita. Dá-lhe eterna palpitação, eterna vida. Cada palavra é como que um tecido do organismo do período. No estilo há todas as gradações da luz, toda a escala dos sons. O escritor é psicólogo, é miniaturista, é pintor — gradua a luz, tonaliza, esbate e esfuminha os longes da paisagem. [...] O vocábulo pode ser música ou pode ser trovão, conforme o caso. A palavra tem a sua anatomia; e é preciso uma rara percepção estética, uma nitidez visual, olfativa, palatal e acústica, apuradíssima, para a exatidão da cor, da forma e para a sensação do som e do sabor da palavra. [...] Os utensílios da escrita são extraordinários, o jogo da frase é poderoso.[3]

A produção literária de autoria negra encontra nas últimas décadas uma atenção mais singularizada por parte de autores e críticos que buscam mapear uma tradição negra vernacular no âmbito da literatura brasileira, sublinhando o diverso leque de matizes e linhagens que traduzem a negrura, desenhada na e pela grafia literária. A expansão do olhar sobre textos, autores, temas, situações e experiências, de certa forma até então exilados da reflexão crítica, dos meios e circuitos de veiculação e de reconhecimento, distende a cartografia da literatura nacional e desafia as redes discursivas formadoras de juízo e de opinião. Do estudo dessas produções emergem suplementos imprescindíveis às exclusões, hiatos, silêncios e lacunas dos discursos hegemônicos, mas, principalmente, se vislumbram as vias e veredas engenhosas pelas quais a escritura negra insistentemente inscreve a memória

3. Cruz e Sousa, João da. "O estilo". In: Cruz e Sousa, João da. *Obra completa: Edição do centenário.* Organização de Andrade Muricy. Rio de Janeiro: José Aguilar, 1961, pp. 677-8.

desse saber e dessa experiência estética e ontológica nos repertórios letrados.[4]

Na história da escrita artística no Brasil predomina a herança dos arquivos textuais e da tradição retórica europeia. Mesmo os discursos que se alçaram como fundadores da nacionalidade literária brasileira, no século XIX, tinham na série e dicção ocidentais sua âncora e base de criação. A textualidade dos povos africanos e indígenas, seus repertórios narrativos e poéticos, seus domínios de linguagem e modos de apreender e ficcionalizar o real, deixados à margem, não ecoaram em nossas letras escritas. Bastide já isto antes observara.[5] Risério o reitera:

> Quando os europeus principiaram a produzir textos no território hoje brasileiro, os indígenas já vinham, há tempos, produzindo os seus. E assim como os europeus transportaram para cá um dilatado e fecundo repertório textual, também os africanos, engajados à força

---

4. Neste capítulo, anteriormente publicado em duas outras versões, revisito algumas cenas da literatura negra, com certas ênfases diacrônicas que se estendem apenas até o início da primeira década do século XXI. O que explica não abordar, por exemplo, as narrativas de Conceição Evaristo que se tornaram clássicas, como *Ponciá Vicêncio* e *Becos da memória*, obras que alçaram a autora como um dos ícones contemporâneos da produção literária no Brasil desde então, com estrondoso sucesso de público e crítica; assim como não incluo *Um defeito de cor*, de Ana Maria Gonçalves, um dos mais aclamados livros da atualidade, uma narrativa complexa e sofisticada, exemplar da excelência da autora e da diversidade dessa produção. E tantos outros livros publicados na segunda década do século XXI. O mesmo se aplica à poesia. Nos remeto a uma série de poetas precursoras, algumas delas ainda pouco referidas, cujos poemas representavam, então, uma incisão afiada no panorama da literatura brasileira, nem me estendo à produção mais recente. Não almejo tecer um extenso panorama histórico. São breves comentários em uma cartografia de variadas faces e nuances.

5. Ver Bastide, Roger. *Poesia afro-brasileira*. São Paulo: Martins Fontes, 1943.

no maior processo migratório de toda a história da humanidade, conduziram suas formas verbais criativas ao outro lado do Atlântico. Logo, ao se voltar pioneiramente para a história do texto criativo em nossa extensão geográfica, o romantismo deveria se defrontar, em tese, com os conjuntos formados por textos ameríndios e textos africanos. Em tese. De fato, não foi bem isto o que aconteceu. [...] O texto criativo africano foi ladeado ou ignorado, invariavelmente, naquele nosso ambiente. [...] Dito de outro modo, palavras negras passaram em brancas nuvens.[6]

E é no âmbito de um código retórico e estilístico, no qual predominam as séries, o imaginário e as tradições discursivas europeias, que escritores negros exercem, principalmente a partir do século XIX, o ofício das letras, no qual se destacam e ocupam um lugar ímpar autores como Gonçalves Dias, Machado de Assis, Cruz e Souza e Lima Barreto, por exemplo, na contramão de contextos socioeconômicos e inter-raciais adversos e restritivos:

Desde o período colonial, o trabalho dos afro-brasileiros se faz presente em praticamente todos os campos da atividade artística, mas nem sempre obtendo o reconhecimento devido. No caso da literatura, essa produção sofre, ao longo do tempo, impedimentos vários à sua divulgação, a começar pela própria materialização em livro. Quando não ficou inédita ou se perdeu nas prateleiras dos arquivos, circulou muitas vezes de forma restrita, em pequenas edições ou suportes alternativos. Em outros casos, existe o apagamento deliberado dos vínculos autorais e, mesmo, textuais, com a etnicidade africana ou com os modos e condições de existência dos afro-

6. Risério, Antonio. *Textos e tribos*. Rio de Janeiro: Imago, 1993, pp. 69-70.

-brasileiros, em função do processo de miscigenação branqueadora que perpassa a trajetória desta população.[7]

A tradição letrada exige certas condições específicas de produção e de recepção para o seu exercício, condições essas também desfavoráveis aos negros. Vale lembrar as leis que proibiam aos filhos ou descendentes de escravizados frequentar escolas e se alfabetizar. Abaixo alguns fragmentos do Capítulo 1 da Lei de Instrução Primária das Escolas Públicas de Instrução Primária, editada em 21 de janeiro de 1837:

> Artigo 3º: São proibidos de frequentar as Escolas Públicas:
> 1º. Todas as pessoas que padecerem de moléstias contagiosas.
> 2º. Os escravos, e os pretos Africanos, ainda que sejão livres ou libertos.[8]

Essas mesmas restrições serão repetidas em 1849, 1859 e 1862. Curioso o paralelismo entre doenças contagiosas e o negro, equivalentes na disposição frásica, cruel e ferina, do legislador. Como ironicamente, quase como sátira, diz Machado, no texto acima evocado sobre a máscara de folhas de flandres: "Mas a ordem social e humana nem sempre se alcança sem o grotesco, e alguma vez o cruel."[9]

A literatura carece de leitores e de interlocutores. Os lugares de enunciação do escritor e os sujeitos de recepção da escrita,

7. Duarte, Eduardo de Assis. *Literatura, política, identidades: Ensaios.* Belo Horizonte: FALE/UFMG, 2005, pp. 113-4.

8. Lei n. 1, de 1837, e o Decreto nº 15, de 1839, sobre a Instrução Primária no Rio de Janeiro. *História da Educação,* ASPHE/FaE/UFPel, Pelotas, n. 18, set. 2005, p. 199.

9. Assis, Machado de, op. cit., p. 9.

a maior ou menor mobilidade social e econômica de brancos, mestiços e negros, na sociedade, em geral, e nos meios letrados, em particular; o acesso à formação escolar e aos meios de produção, os preconceitos, discriminações e exclusões do sistema são alguns dos fatores que não podem ser relevados quando analisamos, diacronicamente, a produção literária afro-brasileira. Sobre essas frágeis condições de recepção e de intercâmbios transformadores entre texto e leitores, no século XIX, afirma Oswaldo de Camargo:

> um Cruz e Souza não foi, como negro, um *escritor natural*, no sentido em que pudesse (ao menos quando sua dicção se pretendia negra) entabular intercâmbio com o negro de sua época; quando ele escreve, por exemplo, "Emparedado" — o grito mais forte de um negro cercado de angústias neste País —, duvidamos de que ele pudesse ou ousasse julgar estar-se dirigindo a negros. Ele era, no momento, os negros todos do País; ele tão-somente se centrava sobre si mesmo, como escritor, quando o natural é que a obra se extrapole [...]. Portanto, a novidade "revolucionária" que vem moldando a Literatura Afro-Brasileira ou negrista ou tão-somente negra é que ela se alimenta hoje de negros leitores ou possíveis leitores negros. [...] Um Cruz e Souza, um Lima Barreto, um Luiz Gama [...] não possuíam retornos para o que escreviam como negros.[10]

Observando-se o contexto de enunciação de muitos escritores e a biografia de cada um deles, há que sempre e em quaisquer

10. Camargo, Oswaldo de. "Literatura negra: fundamentos e consequências". *Suplemento Literário Minas Gerais*, Belo Horizonte, v. 21, n. 1033, 26 jul. 1986, p. 7.

circunstâncias realçar o lugar ímpar que Machado de Assis, Cruz e Souza, Lima Barreto e Mário de Andrade, por exemplo, em patamares diferentes de apreço e valorização, alcançaram no cânone da literatura brasileira por sua maestria literária e importância cultural, e a atenção crítica ainda devida a outros tantos escritores e escritoras pouco expostos ao olhar do público e da crítica, de diferentes períodos, sejam mais longevos ou mais atuais, que também representam a fértil produção autoral negra.

A negrura exprime-se de modo muito diverso na vivência dos autores, em sua dicção literária e, mesmo, nas aporias dramatizadas nos seus textos. A variedade de soluções literárias que se apresenta aos olhares do leitor, a alternância das linhagens e referências textuais, a diversidade de posturas autorais e identitárias, a maior ou menor ênfase na função pedagógica e exemplar da criação literária, as diferenças dos contextos e temporalidades dos escritores, assim como vários outros fatores, inerentes à lógica interna das criações e aos meios e ambientes de produção, traduzem algumas das aporias que resistem a qualquer tentativa de apreensão e de contenção uniformizadoras dessa rica zona de produção, sem que caiamos em anacronismos críticos redutores.

Escrever, além de ser uma poderosa inscrição literária, torna-se, para muitos autores, um gesto político de interferência no social, de rebuliços no *status quo*, um modo de alçamento da voz de vários segmentos sociais. Numa entrevista de 1995, Miriam Alves, com postura crítica aguçada, afirmava:

> O racismo do branco contra o negro, o sexismo do homem contra a mulher são similares. [...] Em geral a tendência da escritora negra é se engajar na luta do homem, chamada de geral. A especificidade de ser mulher escritora que aflora nos trabalhos passa então desapercebida.

> [...] Não preciso estar falando de chibata, escravidão, para escrever literatura negra. A arte é liberdade, libertação. A minha arte é engajada comigo. Eu sou o quê? Eu sou negra, mulher, mãe solteira, empresária, filha, funcionária, militante. [...] Se eu não consigo falar num conto, eu vou falar num poema. Se eu não consigo no poema, eu escrevo uma novela. Se eu não consigo numa novela, eu tento um romance. Se eu não conseguir em nada disso, quem sabe uma história em quadrinhos resolva? São os meus instrumentos. A literatura é o meu instrumento. Se eu conseguir me comunicar enchendo o papel de vírgula, e o leitor entender que eu estou falando do lugar onde o Brasil se instala, da miserabilidade em que a população negra se encontra, se eu conseguir falar com vírgulas, eu vou encher o papel de vírgula.[11]

As subjetivações, em todas as suas dobras, transfiguram-se, muitas vezes, em *leitmotiv* da criação literária, mimeticamente encenada de forma polivalente e polissêmica, às vezes ambígua e pesarosa, às vezes irônica, utópica, transgressora. Laborada como memória do vivido e do devir, caligrafa-se por engenhosos artifícios e ficções, instalados na e pela letra literária, matizando os rastros e lastros pelos quais a negrura se inscreve, se encadeia e se postula, como experiência de linguagem na materialidade da língua e dos idiomas criativos. Experiência que se dispõe na paisagem literária brasileira como tradução exemplar do diverso, percorrendo os amplos e complexos territórios estilísticos e os vastos repertórios e acervos textuais que alimentam a criação estética, e que se estendem da maestria de Machado, mestre da letra escrita, às performances das poéticas da oralidade.

---

11. Alves, Miriam. "Uma entrevista". *Callaloo: African Brazilian Literature*. Baltimore: The John Hopkins University Press, v. 18, n. 4, 1995, p. 971.

Se as contemplamos, preferencialmente, como experiência com a linguagem, e não apenas como elaboração sócio-ontológica, muitas dessas realizações nos oferecem uma escrita potente, ardilosa, granular, insurgente, carnavalesca mesmo, como em Luiz Gama, cujo exercício lúdico com as palavras realiza uma dicção cadenciada que nos lembra os ritmos do batuque, performando as vibrações tímbricas das sonoridades matriciais africanas. Gama desenha a negrura em feito e efeito poético e político do diverso, em traços e perfis de encanto, instando, como contraponto à face da brancura, uma linhagem de perfis negros a ser referenciada e exaltada:

> Ó musa da Guiné, cor de azeviche,
> Estátua de granito denegrido,
> Ante quem o Leão se põe rendido,
> Despido do furor de atroz braveza;
> Empresta-me o cabaço d'urucungo,
> Ensina-me a brandir tua marimba,
> Inspira-me a ciência da candimba,
> Às vias me conduz d'alta grandeza.
> [...]
> Nem eu próprio à festança escaparei;
> Com foros de Africano fidalgote,
> Montado num Barão com ar de zote —
> Ao rufo do tambor e das zabumbas
> Ao som de mil aplausos retumbantes,
> Entre os netos de Ginga, meus parentes,
> Pulando de prazer e de contentes —
> Nas danças entrarei d'altas cayumbas.[12]

---

12. Gama, Luiz. *Trovas burlescas*. 3. ed. São Paulo: Bentley Jr., 1904, p. 58.

Já em Cruz e Souza, na experiência com os carrilhões da linguagem pulsam formas e figurações fulgurosas que primam por uma sofisticada artesania poética que esculpe e alvoroça os sentidos e sentimentos da angústia existencial corrosiva que regem suas inflexões literárias. No poema "A caveira", o rosto descascado e esquelético se revela em traços minimalistas e miniaturistas, que, torcendo a discursividade simbolista, compõe uma imagem aterrorizante e fatal do que resta do corpo, pincelado como corpo do próprio texto, visual e plasticamente devastador:

I

Olhos que foram olhos, dois buracos
agora, fundos, no ondular da poeira...
Nem negros, nem azuis e nem opacos.
Caveira!

II

Nariz de linhas, correções audazes
de expressão aquilina e feiticeira,
onde os olfatos virginais, falazes?!
Caveira! Caveira!!

III

Boca de dentes límpidos e finos,
de curva leve, original, ligeira,
que é feito dos teus risos cristalinos?!
Caveira! Caveira!! Caveira!!![13]

---

13. Cruz e Souza, João da. "Caveira". In: Cruz e Sousa, João da. *Obra completa: Edição do centenário.* Organização de Andrade Muricy. Rio de Janeiro: José Aguilar, 1961, p. 119.

O desejo da escrita marca muitas veredas da produção literária negra, na contramão de empecilhos e restrições de vária ordem. Carolina Maria de Jesus também nisso se destaca. Nessa cartografia, a autora, com seu desejo manifesto de ser escritora, desafia a autoridade do cânone e a incompleta escolaridade. De restos e fragmentos de livros, recolhidos no lixo, alimenta sua ânsia de leitura e de escrita. Ler e escrever tornam-se seus mais vorazes utensílios e instrumentos de construção do próprio ser social e da formação escritural. Em seus diários e em sua rotina, ler e escrever são os absolutos de uma existência minguada. É na escrita que a vivência se traduz em audacioso relato poético, em cujo labor a escritora, como em ritos, se entrega. E se nutre.

> um homem não há de gostar de uma mulher que não pode passar sem ler.
> E que levanta para escrever.
> E que deita com lápis e papel debaixo do travesseiro.
> Por isso é que prefiro viver só para o meu ideal.[14]

Carolina enfrenta a carência de instrução, transfigura gêneros e institui uma poética ousada na qual transpira um impulso inovador da escrita. Mais tarde, Conceição Evaristo, com sua noção de *escrevivência*, nos oferece subsídios crítico-teóricos inestimáveis para pensar e reconhecer a escritora como uma das precursoras de uma linhagem transformadora da *poiesis*, ancorada em um eu autorreflexivo e autodidata que revelaria algumas nuances

14. Jesus, Carolina Maria de. *Quarto de despejo: Diário de uma favelada*. São Paulo: Ática, 2006, p. 44.

das subjetivações negras, em particular as femininas, tornando o texto de Carolina exemplar.[15]

Nesse mesmo tônus, poderíamos ressaltar a literatura de Oswaldo de Camargo e de Adão Ventura, por exemplo, em que o ser negro se transveste em soluções escriturais ardilosas que evocam a experiência do vivido em figurações polissêmicas que revestem de inúmeras possibilidades de ressignificação imagens que estranham e inquirem os estereótipos, rasurando-os.

Arnaldo Xavier, em um exímio laborar com a lírica, transforma a negrura em experiência iconográfica e cromática da linguagem, como se percebe em "Balada apocalírica n. 1", em que imagens exuberantes e sinuosas expandem a paisagem poemática com instalações visuais de uma plasticidade vigorosa, enigmática e envolvente, em versos que se distendem pela página de modo sôfrego e escorregadio, como a própria serpente alada que, pelo poema, como figura, desliza:

coração que coração te fez coração
foi Jualê a serpente alada negra
que sonhou com todas as cores
Hey Jualê
na primeira vez
que saiu um pássaro do seu corpo
ela se viu caminho
e o vôo se fez de lágrimas

---

15. Ver os livros: Barreto, Raquel; Menezes, Hélio. *Carolina Maria de Jesus: Um Brasil para os brasileiros*. São Paulo: IMS, 2023; Duarte, Constância Lima; Nunes, Isabella Rosado. *Escrevivência: A escrita de nós, reflexões sobre a obra de Conceição Evaristo*. Rio de Janeiro: Mina Edições e Arte, 2020.

negro que negro se fez negro
foi Jualê a serpente Alda negra
que sonhou com todas as cores
Hey Jualê
na primeira vez
que saiu um caminho de seu corpo
ela se abriu em portas
e luou-se para que as lágrimas
entrassem como ventos

coração que coração te fez coração
foi Jualê a serpente alada negra
que sonhou com todas as cores
Hey Jualê
na primeira vez
que saiu uma porta de seu corpo
ela soluçou em chaves
vestida de chamas

negro que negro te fez negro
foi Jualê a serpente negra
que sonhou com todas as cores
Hey Jualê
na primeira vez
que saiu chamas de seu corpo
nos acendemos em sonhos[16]

---

16. Xavier, Arnaldo. "Balada apocalírica n. 1". In: Bernd, Zilá (org.). *Poesia negra brasileira: Antologia*. Porto Alegre: Instituto Estadual do Livro; AGE; IGEL, 1992, pp. 128-9.

Esta mesma experiência se faz oraliturizada nas sintéticas cadências vocais dos orikis de Solano, que recria a textualidade das tradições orais em poemas de forte expressão:

Olurum Ekê
Olurum Ekê
Eu sou poeta do povo
Olurum Ekê

A minha bandeira
É de cor de sangue
Olurum Ekê
Olurum Ekê
Da cor da revolução
Olurum Ekê

Meus avós foram escravos
Olurum Ekê
Olurum Ekê
Eu ainda escravo sou
Olurum Ekê
Olurum Ekê
Os meus filhos não serão
Olurum Ekê
Olurum Ekê[17]

---

17. Trindade, Solano. *O poeta do povo*. São Paulo: Cantos e Prantos, 1999, p. 55.

E se transmuta em exercícios prazerosos de experimentações tímbricas e imagéticas nas pulsações dos fraseados da lírica poética de tonalidades banto de Edimilson de Almeida Pereira, nas quais transita a reminiscência histórica e textual negra, fabulada como um perene exercício de replantar as vastas referencialidades dos acervos de tecnologia poética afrocentrados, belamente expandidos, por exemplo, no poema "Orelha furada":

Dançar o nome com o braço na palavra: como
em sua casa um maconde.

Dançar o nome pai dos deuses que pode tudo
neste mundo e suportar o lagarto querendo ser
bispo na sombra.

Dançar o nome miséria, estrepe e tripa que a
folha do livro é. E se entender dono das letras
em sua cozinha.

Dançar o nome em sete sapatos limpos para
domingo.

Dançar o nome com a mulher nhora dele: a
mulher no seu coração tempestade e ciranda.

Dançar o nome com o braço na palavra berço.[18]

---

18. Pereira, Edimilson de Almeida. *Casa da palavra: Obra poética 3*. Belo Horizonte: Mazza, 2003, p. 167.

E como potência revolucionária se performa como laminar da ferina agência transformadora da palavra a que nos arremete a poesia inquisitiva de Cuti:

A minha poesia
Sou eu que me desnudo
    me descubro

Sou eu que me acho
e me cato
nos cantos escondidos
do sorriso agachado

A minha poesia
Sou eu rio que deságuo
nos teus olhos parados
Sou eu vento no moinho
do meu grito entalado
[...]
A minha poesia
Sou-eu-fome-de-muitos
punhos punhais
sombras fatais
e a esperança do mundo
no sangue vivo das palavras

A minha poesia
        é som
        é sã
        é-sou
        é soul

é sam

ba

tendo no couro branco do papel.[19]

Neste couro branco do papel, nesses pergaminhos, o insubmisso trabalho com a retórica produz insurgências não apenas na inovação temática e social, mas, principalmente, na elaboração poética com as tecnologias da linguagem, que privilegia construções e formas de outras matrizes textuais, orais e escritas, dentre elas as dos repertórios e acervos africanos e afro-brasileiros, em experimentações que atravessam e incidem no cânone literário convencional, nele introduzindo novas perspectivas de elaboração e de criação dos idiomas estéticos, e que, transmutando gêneros e formatos, transformam a experiência criativa.

Mas essa produção não se atavia apenas na autoria masculina. Nessa experimentação com as formas da letra se inclui a desconstrutora potência da dicção feminina que pulsa nos textos de muitas escritoras, em cujos teares o labor da escrita, os adereços e arabescos da *lettera* refiguram as imagens do feminino corpo da negrura, metonimicamente caligrafando o *corpus* literário brasileiro.

---

19. Cuti. "Ela". In: Camargo, Oswaldo de. *O negro escrito: Apontamentos sobre a presença do negro na literatura brasileira*. São Paulo: Secretaria de Estado da Cultura, 1987, pp. 201-2.

O feminino corpo da negrura

Das cartografias literárias, rostos de personagens femininas pousam o olhar em nós, seus leitores, caligrafados por significantes textuais que parecem solicitar nosso encanto e nossa perda. No entanto, muitos desses perfis, por mais encantatórios que pareçam ser, traduzem miragens do feminino, escritas em um registro alheio e alienante: "A personagem feminina, construída e produzida no registro do masculino, não coincide com a mulher. Não é sua réplica fiel, como muitas vezes crê o leitor ingênuo. É, antes, produto de um sonho alheio e aí ela circula, neste espaço privilegiado que a ficção torna possível."[20]

Em sua dupla condição de mulher e negra, a personagem negra feminina tem sido objeto de vícios de representações que espelham não apenas o registro do olhar masculino, mas também convenções e figurações inseminadas pelo registro do racismo e do sexismo. Nas cenas literárias, no Brasil, por muitos séculos, predominaram, com raras exceções, três modelos de ficcionalização do corpo feminino da negrura, inscritos em versos e prosa: a *mãe preta*, perfil da generosa mãe de leite, sempre sorridente e amável, alimentando e ninando a criança branca; a *empregada*

20. Brandão, Ruth Silviano. "Passageiras da voz alheia". In: Brandão, Ruth Silviano; Castello Branco, Lucia. *A mulher escrita*. Rio de Janeiro: Maria Editora, 1989, p. 17.

doméstica, uma espécie de força bruta assexuada, de rosto indiferenciado, na função reificada de objeto do lar; e a insinuante *mulata*, corpo erotizado em excesso, objeto dos desejos insidiosos do homem branco. Dos poemas de Gregório de Matos às representações narradas pelo romance, televisão e cinema, a figura da mulata percorre uma travessia linear, escrita como signo indicial que, inexoravelmente, aponta para sensualidade, lascívia, malícia, imoralidade, permissividade, vício, egoísmo, cumplicidade e prazer, ardilosas "qualidades" epitomizadas na sensualidade de Rita Baiana, em *O cortiço*, de Aluísio Azevedo, e pela luxuriante e sinestésica *Gabriela*, de Jorge Amado.[21]

Capturado nessas miragens produzidas na e pela linguagem literária, esculpido como letra e forma na materialidade dos significantes textuais, o corpo da mulher negra, literariamente narrado, torna-se uma concha de onde ecoam as vozes narrativas que tecem a personagem feminina à revelia de seu próprio desejo. Esses perfis de mulheres, alheios e alienantes, nunca são autodefiníveis, mas posam nas cartografias do texto como se se quisessem eternamente mirados e perenemente desejáveis. Encobertas por esse véu simultaneamente narcísico e racialista, essas figuras habitam o que Josefina Ludner nomeia "ficções de exclusão",[22] ficções que tendem a apagar a diferença, e vibram na nossa escrita como "passageiras da voz alheia",[23] conforme Brandão.

---

21. Ver Queiroz Júnior, Teófilo. *Preconceito de cor e a mulata na literatura brasileira*. São Paulo, Ática, 1975.

22. Ludner, J. "Ficciones de exclusión". In: Hollanda, Heloísa Buarque de (ed.). *¿Y nosostras latinoamericanas? Estudos sobre gênero e raça*. São Paulo: Fundação Memorial da América Latina, 1992, p. 25.

23. Brandão, Ruth Silviano, op. cit., p. 19.

E é do *locus* da ficção e da poesia que a escritora negra, em particular, busca rasurar esses vícios de figuração, vestindo a personagem negra feminina com novos significantes que indicam outras possibilidades de significância e de interferência nos processos de alçamento do corpo feminino como corpo de linguagem. Traduzindo sua condição binária de mulher e negra, as escritoras afro-brasileiras, em muitas de suas produções, elegem o corpo feminino como tema, do qual derivam a artesania da escrita.

Ao determos nossa atenção sobre a produção literária de algumas das escritoras nas últimas décadas do século XX, podemos perceber que a letra ficcional e poética transmuta-se, em seus textos, em instrumentais potentes que tornam o tecido textual *locus* privilegiado de intervenções, rasuras, descontinuidades, desconstruções e recriações. Ali se transformam os inumeráveis vícios de representação da persona negra feminina assim como se realiza o alçamento de uma voz alterna em relação ao racialismo e ao sexismo que permeiam oblíquas práticas discursivas sobre a mulher. Tanto a tradição literária quanto seus engenhos retórico-discursivos são revirados pelas lentes dessas escritoras que plissam os itinerários familiares de cânone, nele imprimindo e espargindo uma certa disritmia e uma dissonância tonificadoras.

Quem são essas escritoras?

São nos alinhavos da corporeidade da escrita feminina que um inusitado retrato de mulher se performa e se instala, e que a arte se quer como ofício de transfiguração, de concertos e rearranjos. Nos retalhos e fotogramas dos textos aqui aludidos, alguns significantes, *voz*, *corpo*, *desejos*, *memória*, são recorrentes. Como anéis entrelaçados, são atavios que bordam o tecido alterno e alternativo dessa escritura. Da alquimia do verso emergem novas modulações tímbricas e figurativas que, pelas vias da reversibilidade, disjunção, disrupção, confronto e autocelebração, esculpem, como contraponto às representações viciadas e saturadas, engenhosas construções poéticas que recompõem e ressignificam a personagem negra na linguagem poética e o próprio *corpus* literário nacional. Ali, em contrapontos, contraltos, sussurros ou gritos, sobretons, a negrura jubilosamente se ostenta como fios de uma linguagem que reinaugura, em cada pulsação rítmica, em cada expressão figurada, em cada gesto textual, as sete faces dessas silhuetas desdobráveis. Como um lugar privilegiado de ressonâncias e dissonâncias, o engenho metafórico do texto, em muitos poemas, torna-se signo do próprio corpo da mulher, ali inscrito em tons e maquiagens, pincelados na mordida dura ou leve da palavra. Como anuncia o poema de Conceição Evaristo:

> Uma gota de leite
> me escorre entre os seios.
> Uma mancha de sangue
> me enfeita entre as pernas.
> Meia palavra mordida
> me foge da boca.
> Vagos desejos insinuam esperanças.[24]

Nesse poema de Conceição Evaristo, a metáfora dos "rios vermelhos" recobre o sujeito/mulher (fêmea matriz/força motriz), que, ao se apropriar da palavra, desenvolvendo-a em estado de semente,

---

24. Evaristo, Conceição. "Eu-mulher". In: Alves, Miriam (org.). *Finally us: Contemporary Black Brazilian Women Writers.* Trad. Carolyn Richardson Durham. Washington: Three Continent Press, 1995, p. 70.

provoca a disritmia violentadora dos "tímpanos do mundo".[25] Num texto de 21 versos, o pronome *eu* repete-se por oito vezes em sua forma pessoal, ecoando ainda por mais três nas suas formas oblíquas. O movimento desse eu, sujeito da enunciação, engravida o texto de referências deslocadas, citando o corpo da mulher como uma paisagem reinaugurada pela jubilosa autonomeação:

> Eu-mulher
> abrigo da semente
> moto-contínuo
> do mundo.[26]

A metáfora dessa viagem itinerante transita em outros poemas, em imagens espaciais que traduzem os múltiplos continentes da palavra e territórios de linguagens já ocupados pelos idiomas do feminino. Assim,

> Na curva do rio trilha
>   a
>   imagem
> poesia sem margem
> [...]
> No leito
>   o corpo se
> unta de
>   verso e prosa.[27]

---

25. Ibidem, p. 70.
26. Ibidem.
27. Ribeiro, Esmeralda. "Continente sem fim". In: Alves, Miriam (org.), op. cit., p. 82.

Reencenado em vários lugares e tempos descontínuos, esse corpo em movimento toma posse da palavra poética e, pelo processo de deslocamento metonímico, produz-se como signo de autorreconhecimento, em autorretratos plurissignificativos. Vicariamente, esse eu/*shifter* condensa o sujeito migratório que provoca curvaturas nos rituais de enunciação da dicção feminina. A viagem é, assim, sempre inaugural, pois é na errância da palavra que se produzem a alquimia da voz e os falares feiticeiros, tecendo o sujeito feminino como gesto poético:

Tem uma estrada
deslizando morro acima
        escondida
onde uma curva faz serão.
[...]
enterrei nela o Vudu das incertezas
cravados em alfinetes
        de mágoas
para liberar o ventre.[28]

Liberar o ventre dos desejos alheios é esvaziá-los dos sentidos velhos para, então, embebê-lo dos próprios desejos e de palavras sãs. Tornada instrumento de corte, estilete, a palavra restitui a libido feminina como signo de alegria e prazer. O eu, assim liberto da voz passiva, rejubila-se desejante:

---

28. Alves, Miriam. "Vudu". In: Alves, Miriam (org.), op. cit., p. 180.

Sou eu
que no leito abraço
mordisco seu corpo
com lascivo ardor
[...]
Eu mulher
arranco a viseira da dor
enganosa.[29]

Restituído em seus predicados e amavios esse eu/*shifter* pode agora oferecer-se ao outro, como lugar de conhecimento e expressão, corpo de enunciação:

Gosto sim,
desta história feita,
na folha do papel
absorvendo tintas.
Gosto e quero
o sutil da batalha
entrincheirada e viva
no corpo do poema necessário.

Mas,
mais gosto
do sigiloso verso
emboçado em nossos corpos
no imutável verbo dos sentidos.[30]

---

29. Alves, Miriam. "Pedaços de mulher". *Callaloo: African Brazilian Literature.* Baltimore: The John Hopkins University Press, v. 18, n. 4, 1995, p. 969.

30. Guimarães, Geni. "Verso nu. Constatação". In: Alves, Miriam (org.), op. cit., p. 102.

Ou como versa a mesma autora em outro autorretrato jubiloso:

Tanto fez para desfazer
tanto sangrou pra não sangrar
tanto aspirou
cuspiu
bebeu
se deu, lutou
que ao se vencer, se amou.

Hoje exibe a negra bela cara
Ao sol ardente que reveste a rua.
Satisfaz-se
A vida é uma cabeça.
A consciência é sua.[31]

A mulher negra rememora. Nos burburinhos da memória, sua mais íntima residência, resguarda a tapeçaria de vozes e de olhares, familiares e estrangeiros, que a constituem. Dali germinam seus muitos atos de silêncio e seus indiretos atos de fala.

No conto "Maria", de Conceição Evaristo, uma empregada doméstica retorna ao lar, após uma exaustiva jornada de trabalho. Na favela, esperam-na os filhos pequenos, famintos e doentes. Sentada no ônibus, Maria entrega-se às lembranças do dia, dos filhos e às suas dobraduras interiores. Maria pensa, deseja, devaneia. Um homem, seu ex-marido, entra no ônibus, senta-se ao seu lado e passa a sussurrar-lhe palavras mal ouvidas. Presa entre os tempos da memória e os murmúrios do amado, Maria

31. Ibidem, p. 96.

recolhe fragmentos de frases, de momentos mais longínquos e do presente, agrupando-os na sintaxe vertiginosa que a invade:

> Ela reconheceu o homem. Quanto tempo, que saudades! Como era difícil continuar a vida sem ele. [...] Ela se lembrou do passado. Do homem deitado com ela. Da vida dos dois no barraco. Dos primeiros enjoos. Da barriga enorme que todos diziam gêmeos, e da alegria dele. Que bom! Nasceu! [...] E o menino, Maria? Como vai o menino? cochichou o homem.[32]

Durante toda a narrativa, a protagonista não emite nenhum som audível. Ela simplesmente escuta a voz do seu amado e as suas próprias falas interiores, suas carências mais íntimas, preocupações, estórias de amor e abandono, seus recessos e temores. Sua ação reduz-se a esse ato de reminiscência que a abisma. Das dobras entre o espaço público e o cenário privativo da memória, Maria rumina: "Ela sabia o que o homem dizia. Ele estava dizendo de dor, de prazer, de despedida. Do buraco-saudade no peito dele... Desta vez ele cochichou um pouquinho mais alto. Ela, ainda sem ouvir direito, adivinhou a fala dele: um abraço, um beijo, um carinho no filho."[33] Abruptamente, o homem levanta-se e, com a ajuda de um comparsa, rende e rouba os passageiros, fugindo em seguida. Só então Maria é capturada pelo som ambiente, pelos gritos dos que a ameaçam e acusam de cumplicidade no assalto: "Negra safada, vai ver que estava de coleio com os dois"; "Aquela puta, aquela negra safada estava com os ladrões"; "Lincha! Lincha! Lincha!".[34]

---

32. Evaristo, Conceição. "Maria". *Callaloo: African Brazilian Literature.* Baltimore: The John Hopkins University Press, v. 18, n. 4, 1995, p. 942.

33. Ibidem, p. 943.

34. Ibidem.

Numa narração vertiginosa que mistura as vozes narrativas, engolfando o leitor, já sem saída do texto, assim como Maria encurralada no ônibus, a história encontra seu fim abrupto. Massacrada pelos passageiros, "Maria punha sangue pela boca, pelo nariz e pelos ouvidos".[35] Só então ouvimos num último estertor (do narrador ou da protagonista?) que "Maria queria muito contar a seu filho que o pai lhe mandava um abraço, um beijo, um carinho".[36]

Como nós, leitores, ouvimos a voz de Maria nessa narrativa? Apenas pelos seus atos de reminiscência, dramatizados pela narração como atos de silêncio, plenos de palavras guardadas. Nós a vemos e ouvimos nas bordas da linguagem, nas entrelinhas dos discursos que a coabitam. Seus atos de memória, erigidos entre o som e o silêncio, a locução e a afasia, o velado, o desnudo e o indigesto, nas franjas de um pretérito imperfeito, inacabado, ininterrupto, que se viraliza e espirala no presente em malogros, articulam-se por uma retórica concisa e assindética, alinhavada pelo discurso indireto livre. Desses limites tensionados, sua fala projeta-se pelo texto, em gestos de disseminação e recolha, como um discurso silencioso, já em processo de tornar-se elocução e grito. Nesse conto, o emissor da fala confunde-se com o sujeito da escuta, no burburinho de vozes exteriores e interiores que o constituem como efeito retórico do próprio ato de narrar.

Em "Guarde segredo", de Esmeralda Ribeiro, narrar é signo de repossessão do próprio sujeito narrado, que é, simultaneamente, narrador/protagonista do enredo ficcional e personagem exemplar da reescrita da memória literária nacional. Nesse conto, Clara, uma jovem mulata, revela, em carta a uma amiga, as razões do

35. Ibidem.

36. Ibidem, p. 944.

seu desaparecimento, após matar Cassi Jones, seu amante. Curiosamente, na história literária brasileira, Cassi Jones e Clara são também os protagonistas do romance "Clara dos Anjos", de Lima Barreto, narrativa parodiada por Esmeralda Ribeiro.

Em Barreto, a ingênua e meiga mulata Clara, iludida pelo namorado branco, Cassi, é engravidada e abandonada por este pequeno burguês dos subúrbios cariocas. Ao descobrir-se grávida e desprezada pelo amante branco, a ingênua personagem de Barreto apela para a família do rapaz, que também a rechaça, explicitando os inúmeros preconceitos para os quais até então Clara não se atentara ou fingira ignorar:

> — Mas o que é que você quer que eu faça?
>
> — Que ele se case comigo, fez Clara num só hausto.
>
> — Ora, esta! Você não se enxerga! Você não vê mesmo que meu filho não é para se casar com gente da laia de você! Ele não amarrou você, ele não amordaçou você... Vá-se embora, rapariga!
>
> Ora já se viu! Vá!
>
> [...]
>
> Na rua, Clara pensou em tudo aquilo, naquela dolorosa cena que tinha presenciado e no vexame que sofrera. Agora tinha a noção exata da sua situação na sociedade. Fôra preciso ser ofendida irremediavelmente nos seus melindres de solteira, ouvir os desaforos da mãe de seu algoz para se convencer de que ela não era uma moça como as outras; era muito menos no conceito de todos. [...] A educação que recebera, de mimos e vigilâncias, era errônea.[37]

---

37. Barreto, Lima. *Clara dos Anjos*. Rio de Janeiro: Editora Mérito S.A., 1948, p. 200. O romance *Clara dos Anjos*, de Lima Barreto, foi publicado postumamente em 1948, e é uma expansão do conto homônimo, publicado em 1920, na 1ª edição do livro *Histórias e sonhos*. No conto, o protagonista é nomeado Júlio, mas no romance seu nome é Cassi Jones.

O texto de Lima Barreto fecha-se com as desventuras de Clara, num coro de lamentações e recriminações da protagonista que critica os próprios falseios, a educação familiar das jovens negras, vítimas fáceis do *fetiche* dos namorados brancos e do desejo da brancura. Em Lima Barreto, o malogro de Clara, seu desapontamento e sua desilusão, fragilidade e inocência compõem o desfecho da trama amorosa interracial e são motivo de escárnio, reprovações, mas estimulam a autorreflexão da personagem.

> Num dado momento, Clara ergueu-se da cadeira em que se sentara e abraçou muito fortemente sua mãe, dizendo, com um grande acento de desespero:
>
> — Mamãe! Mamãe!
>
> — O que é minha filha?
>
> — Nós não somos nada nesta vida.[38]

Já no conto de Esmeralda Ribeiro, "Guarde segredo", Clara não veste o perfil de vítima sacrificial e ocupa o lugar de uma instância transformadora, fazendo-se agente do seu próprio destino. Ao dramatizar o enredo amoroso entre o branco e a jovem negra, a escritora aborda o texto de Barreto pela analogia temática, o romance inter-racial, mas dele também se distancia pela arquitetura da trama e pela diferença na figuração da personagem feminina e em suas atitudes. A protagonista de "Guarde segredo" é o inverso da personagem de "Clara dos Anjos". Ela mata o insidioso amante e, sem sentimento de culpa ou remorso, muda o desfecho do enredo de Barreto. Aqui o namorado maléfico é

38. Ibidem, p. 201.

quem sucumbe, em uma reviravolta que transtorna e reescreve a narrativa de Lima Barreto:

> Quando voltava para a casa da vovó, fui interpelada por uma senhora gorda. Parecia muito com Cassi Jones. Ela cruzou o meu caminho e ficou parada na minha frente. Insultou-me tanto!... Disse coisas horríveis do tipo: "Você é a quinta negra que meu filho deflorou e também não vai ficar com ele. Nesse exato momento está com uma outra garota". [...] Encontrei-os na saleta de um hotelzinho. Ela fugiu, mas ele não teve tempo de reagir. Foram tantas as facadas!... [...] Demorei menos de uma hora para chegar à casa de vovó. [...] Fui entrando, entrando e ouvi o Lima Barreto escrevendo à máquina. Conversavam e riam muito. Por um momento, juro tê-lo ouvido dizer: "Esperávamos por você. Entre". Eu pensava: "Tudo está acontecendo ao mesmo tempo".[39]

No jogo intertextual e na fricção entre texto exemplar da tradição e sua rasura e paródia, a narrativa de Esmeralda Ribeiro engendra outras vias de ficcionalização da mulher negra no contexto contemporâneo. Assim, o texto de Lima Barreto é contemplado não por uma filiação especular, mas por uma relação descontínua que fissura e suplementa a narrativa de origem. Ao acessar o suplemento da diferença, a metaficcionalidade textual passa a ser gerenciada não mais pela familiaridade abismática e especular da analogia, mas sim pela via da contiguidade que produz o texto novo como moto-descontínuo, índice de deslocamento. O destinatário da carta/do conto faz-se, pois, plural. É tanto a amiga,

39. Ribeiro, Esmeralda. "Guarde segredo". *Cadernos Negros*, São Paulo: Quilombhoje, n. 14, 1991, p. 28.

narratário invisível que recebe a missiva, quanto nós, seus leitores e intérpretes da história literária, que a narrativa subverte. Tornado personagem, Lima Barreto erra pelo conto de Esmeralda Ribeiro, evocado como fotografia e fantasma que, oscilando pelos planos da presença e da ausência, do visível e do invisível, assombra o texto/a casa de Clara. Ambiguamente celebrado e barrado, esse personagem é exorcizado pela dicção jubilatória que a narrativa lhe empresta, fazendo coincidir a voz fantasmática do personagem/escritor Lima Barreto de "Guarde segredo" com o desejo implícito do narrador de "Clara dos Anjos":

> Você matou Cassi Jones? — ele interrompeu o meu devaneio.
>
> Matei — respondi. "Como soube disso?", interroguei-me.
>
> Bravo! Esse era o outro final que eu queria para o cafajeste do Cassi Jones.[40]

Sobre o cadáver de Cassi Jones, metonímia do destino lacrimoso e indesejável da Clara barretiana, a narrativa contemporânea instala a sua diferenciadora alteração, como texto suplementar que evoca a tradição, citando-a, mas que também a rasura, plissando-a. As referências tradicionais, recitadas em estado de diferença, criam, assim, engenhosas possibilidades de desdobramentos. Esse movimento de alternância, de filiação e distanciamento, de analogia e ruptura, é saborosamente traduzido pela avó pós-moderna de Clara: "Tinha que ser assim, minha neta", e continuou: "Nós não devemos aceitar o destino com resignação".[41]

---

40. Ibidem, p. 29.

41. Ibidem, p. 29.

Ao final de sua narração, Clara confessa-se aliviada por ter revelado a sua estória, mas, consciente de que "ainda existe o balanço e a gangorra, apesar do mato ter tomado conta de tudo", pede à amiga que "guarde eternamente este segredo".[42] Guardar segredo é, aqui, um ato de recesso voluntário e estratégico. Resguardando na esfera do privado a cena de ruptura, tornada entretanto pública pela inconfidência da escritura, o gesto da narradora/escritora simula, com eficácia, a dicção da mulher negra personagem e escritora, uma voz tensionada entre a necessidade do silêncio e o impulso da locução, como bem observa Carole Boyle Davies sobre a escrita de mulheres negras: "E é essa tensão entre articulação e afasia, entre as limitações da língua falada e as possibilidades de expressão, entre o espaço para certas formas de discurso e a falta de espaço para o discurso da mulher negra, a sua postulação entre o público e o privado, que essas escritoras abordam."[43]

Quebrar os ritos de ficcionalização da mulher negra, tecer outras dobras, desdobrar seus contornos e alinhavos, ferir as imagens viciadas são atos performados por esses textos, que desvelam, na rasura dos véus da tradição poética e ficcional, outras possíveis silhuetas do feminino corpo da negrura. Assim, podemos afirmar com Barthes:

> "Desvelar" não é tanto retirar o véu como despedaçá-lo: no véu, só se comenta, geralmente, a imagem daquilo que se esconde ou

---

42. Ibidem.

43. Davies, C. B. *Black Women, Writing and Identity: Migrations of the Subject.* Londres; Nova York: Routledge, 1994, p. 153. Tradução minha.

subtrai; mas o outro sentido da imagem é igualmente importante: o *forrado*, o *tênue*, o *seguido*; atacar o escrito mentiroso é separar o tecido, reduzir o véu a dobras quebradas.[44]

Um traço estilístico marcante ressoa nesses textos, aludindo a uma técnica de composição que podemos denominar de retórica dos retalhos ou mesmo de estética dos retalhos, na qual palavras, expressões, figuras, formas são desovadas, evocadas e elaboradas de restos, resíduos e vestígios do cotidiano, alinhavados numa partitura que prima pela justaposição de contrastes, desenhos, cores e traçados aparentemente destoantes e desalinhados, que se ajustam e compõem uma tapeçaria assimétrica, como bordados que se fabricam no ritual corriqueiro e engenhoso do uso do diverso. A artesania da escrita é o fio que transforma esses retalhos e resíduos do cotidiano em novos engenhos de uma linguagem que, como arabescos, reveste o corpo da negrura, tornado corpo da escritura, fazendo ecoar volumosas vozes que engravidam o *corpus* de nossa literatura:

Moço, cuidado com ela...
Cuidado com cada letra que manda pra ela!
Tá acostumada a viver por dentro,
Transforma fato em elemento
A tudo refoga, ferve, frita
Ainda sangra tudo no próximo mês.[45]

---

44. Barthes, Roland. "Brecht e o discurso: Contribuição para o estudo da discursividade". In: Barthes, Roland. *O rumor da língua*. São Paulo: Brasiliense, 2012, pp. 274-5. Grifos do autor.

45. Lucinda, Elisa. "Aviso da lua que menstrua". In: Lucinda, Elisa. *O semelhante*. Rio de Janeiro: Record, 2000, p. 123.

Esses textos, aqui brevemente abordados, são fotogramas de uma narrativa histórica em contínuo e laborioso desenvolvimento. A literatura das escritoras negras posa para nossa escuta e reflexão, desafiando nossas certezas, solicitando nosso labor crítico. Mesmo sem privilegiar categorias de "gênero", "raça" e "etnias" como referenciais que, por si sós, possam informar a qualidade de um texto, nós não podemos olvidar os papéis que essas mesmas categorias têm desempenhado na constituição dos cânones, nas escolhas e exclusões dos escritos que são eleitos ou não para serem lidos e celebrados pela crítica. Esses textos poéticos e ficcionais, na hilética composição dos seus significantes e na artesania da sua linguagem, pincelam o feminino corpo da negrura em instigantes e novas visagens, montagens que se apresentam para inovadoras fruições. Como não mirá-los? Por que ignorá-los? Afinal, como afirma Toni Morrisson, "todos nós, leitores e escritores, ficamos desolados quando a crítica permanece muito educada ou temerosa para perceber uma pretura perturbadora diante de seus olhos".[46]

Em versos e prosas, a própria memória do Brasil se reescreve, pontilhada nas frestas, como arautos, de uma escritura que se insubordina contra o lugar-comum da repetição estereotípica, transtorna as imagens viciadas excludentes e deformadas, criando e impondo uma nova edição não somente do discurso discriminatório, alheio e alienante, mas da própria história literária. Essa produção textual nos convida a frui-la por um exercício de pensamento crítico, também requintado, e um escrutínio

46. Morrison, Toni. *Playing in the Dark, Whiteness and the Literary Imagination*. Cambridge; Londres: Harvard University Press, 1992, p. 91. Tradução minha.

consoantes com suas preciosas formulações. Pousados em uma *poiesis* que almeja provocar, na sua recepção e leitura, uma experiência estética mobilizante e mobilizadora. Como versa Evaristo:

> A noite não adormece
> nos olhos das mulheres.
> A lua fêmea, semelhante nossa,
> em vigília atenta vigia
> a nossa memória.[47]

47. Evaristo, Conceição. "A noite não adormece nos olhos das mulheres". *Cadernos negros*, São Paulo: Quilombhoje; Anita Garibaldi, n. 19, 1996, p. 26.

Timbres da oralitura

Dentre essas zonas de forças liminares, uma das mais férteis remete-nos ao âmbito da textualidade oral e das performances rituais, no seio das quais muitas formas poéticas e ficcionais se dispõem. Ali, a palavra poética, cantada e vocalizada, ressoa como efeito de uma linguagem performática do corpo, inscrevendo o sujeito emissor, que a porta, e o receptor, a quem também circunscreve, em um determinado circuito de expressão, potência e poder. Como sopro, hálito, dicção e acontecimento performático, a palavra proferida e cantada, numinosa e aurática, grafa-se na performance do corpo, portal e índice da sabedoria. Como agente de conhecimento, a palavra não se petrifica em um depósito ou arquivo estático, mas é, essencialmente, *kinesis*, movimento dinâmico.

Solano Trindade já expressava o desejo de buscar na textualidade oral recursos expressivos, procedimentos e técnicas como fonte de sua criação artística. Essa disposição de Solano, pouco contemplada em seus dias, é hoje recorrente na criação literária e performática e motivo de reflexão. Esse olhar e essa escuta nos oferecem poderosos veículos de interlocução, ao nos remeter, por exemplo, a toda uma *poieses* da memória performática dos cânticos sagrados e das falas cantadas no contexto dos rituais, em particular no âmbito dos sistemas religiosos, tanto nos de ascendência nagô-iorubá quanto nas matrizes banto.

O estudo dessa textualidade realça a inscrição da memória africana no Brasil em vários domínios: nos feixes de formas poéticas, rítmicas e de procedimentos estéticos e cognitivos fundados em outras modulações da experiência criativa; nas técnicas e gêneros de composição textuais; nos métodos e processos de resguardo e de transmissão do conhecimento; nos atributos e propriedades instrumentais das performances, nas quais o corpo dança, vocaliza, performa, grafa, escreve. Dentre esse repertório formal e processual, Antonio Risério destaca os orikis, forma poética nagô-iorubá, como uma das muitas artes da palavra transplantadas da África:

> O oriki nasce no interior da rica malha de jogos verbais, de *ludi linguae*, que se enrama no cotidiano iorubá. [...] A expansão de uma célula verbal é fenômeno comum no mundo dos textos. Jolles fala de provérbios que se expandem até se converterem em longos poemas proverbiais. Coisa semelhante se passaria entre o oriki-nome e o oriki-poema, com o nome atributivo se expandindo verbalmente em direção ideal à constituição de um corpo sígnico claramente percebido e definido como "poético". Na verdade, a expressão "oriki" designa nomes, epítetos, poemas. Cobre portanto de uma ponta a outra o espectro da criação oral em plano poético.[48]

No oriki-poema, Risério observa a expansão de uma célula temática mínima que se desdobra e se expande, "agregando outras unidades que a ela se vinculam por laços de parentesco linguístico, ou por afinidades sintáticas"; "o giro hiperbólico da palavra"; as imagens "amplas, coruscantes e contundentes"; o insólito das

48. Risério, Antonio. *Oriki orixá*. São Paulo: Perspectiva, 1996, p. 35.

metáforas, a nominação encadeada "de uma série de sintagmas que, dispostos em sequência ou justapostos, atualizam um paradigma do excesso", configurando a fisionomia do objeto recriado; a técnica de encaixes e o jogo de intertextualidades descentradas, emoldurados pelo pulso da composição paratática.[49]

Também na paisagem textual das linhagens textuais de reminiscência banto, outras formas poéticas não apenas recriam, na ordem dos enunciados, a memória das diásporas africanas no Brasil, como também a inscrevem, como responsos, nas técnicas e performances de muitos gêneros narrativos, nas treliças da enunciação criativa da palavra e dos jogos poéticos de linguagem, transcriando a memória de muitos saberes estéticos, de outras dicções e fraseados, de outras nervuras poéticas. Resguardados nos acervos da memória, vibrantes em belíssimos cânticos e contos, performados em variados timbres vocais e rítmicos, esses engenhosos e múltiplos repertórios inscrevem, na grafia da voz e nos rizomas das letras, os variados trânsitos e diversidade de engenhos e tecnologias poéticas, nas inúmeras composições e desenhos de linguagem da oralitura.

49. Ibidem, p. 36.

Idiomas críticos

A partir das últimas décadas do século XX, uma variedade de dicções literárias passa a despertar na crítica literária brasileira uma atenção particular, tomando vulto, na voz de escritores e de críticos, um fértil debate sobre a propriedade de se nomear como negra ou afro-brasileira certas zonas de criação. Apesar de essas designações e termos já virem sendo esporadicamente utilizados desde os anos 1930, seu uso revestia-se, agora, de diferentes contornos semânticos, de novas ênfases e perspectivas teóricas que buscavam perquirir e abordar a produção literária dos afro-brasileiros, no âmbito da literatura e da cultura, por meio de vieses diferenciadores, visando: 1) ampliar, em particular no contexto acadêmico, a reflexão crítica e a pesquisa historiográfica, de modo a mapear e distender as telas da negrura, no amplo e diverso contexto de possibilidades de suas realizações literárias, com aportes teórico-metodológicos que incluíssem suas diversidades de linhagens e de opções estéticas; 2) discutir as condições de produção, recepção e circulação dessa literatura, conotando nos significantes *negra*, *afro-brasileira*, *preta* e, mais recentemente, *afrodescendente*, as tensões raciais, étnicas, sociais e culturais, histórica e ideologicamente aderidas ao cânone literário e às relações de força ali disseminadas, nas condições de veiculação, afirmação e presença dessa produção, assim como às relações de poder do negro em vários âmbitos da própria sociedade brasileira; 3) realçar, epistemologicamente, e valorar, sob prismas teórico-metodológicos apropriados, os repertórios textuais da oralidade, dentre eles os originários, matricialmente, das culturas africanas e nativo-indígenas, nos quais gravitam singulares propriedades, técnicas e procedimentos de composição, em um celeiro de variadas formas poéticas e narrativas.

Muitos fatores determinaram o alçamento dessas questões desde fins dos anos 1970: a emergência do movimento negro no contexto de abertura política que anunciava o encerramento da ditadura militar; a afirmação e eleição do 20 de novembro como data celebrativa da Consciência Negra, em memória de Zumbi e do Quilombo de Palmares, que vêm juntar-se ao leque de movimentos ativistas e reivindicatórios que se impõem na época, dentre eles o feminista; os movimentos de escritores negros, reunidos em várias congregações. Grupos como o Quilombhoje, fundado em São Paulo em 1978, e o Negrícia, Poesia e Arte de Crioulo, fundado em 1982 no Rio de Janeiro, por exemplo, cumpriam uma função exemplar no estímulo à criação e no fomento de discussões literárias, postulando, ativamente, o reconhecimento de uma tradição negra, passada e presente, no âmbito da literatura brasileira, avessos à figuratização estereotípica e periférica de temas e personagens negros no bojo da literatura nacional e ao predomínio dos lugares de exclusão reservados aos afrodescendentes no contexto da sociedade. Livros editados pelos próprios autores, como o de Adão Ventura, *A cor da pele*, publicado em 1980, tonificam o ambiente. Nos poemas de Adão, os crivos da pele, rabiscando as memórias do corpo, sulcam a geografia da história do negro, tensionados pelos voleios e cortes da linguagem:

Papai-Moçambique

papai-moçambique
— viola e sapateio
— desafio de versos
fogosos.

papai-moçambique
senta pé na fogueira
&

de um salto
pára o olho

no ar

banzando saudades
d'outras Áfricas[50]

A postulação e afirmação de uma literatura negra, por si sós, nos anos 1980, fomentavam o debate sobre questões polêmicas: tem a literatura cor, etnia, raça, gênero, língua? À maneira de Jorge Luis Borges, ainda naquele momento, autores pouco conhecidos instauravam e reivindicavam uma tradição vernacular negra, dentre as várias que desenham os territórios das linguagens literárias nacionais. No amplo território literário brasileiro, escritores como Oswaldo de Camargo, Abelardo Rodrigues, Luiz Silva, o Cuti, Miriam Alves, Esmeralda Ribeiro, Paulo Colina, Geni Guimarães, Arnaldo Xavier, em São Paulo; Oliveira Silveira e Ronald Augusto, em Porto Alegre; Jônatas da Conceição, em Salvador; Lepê Correia, em Recife; Ele Semog, Domício Proença Filho e Conceição

50. Ventura, Adão. *A cor da pele*. Belo Horizonte: Edição do Autor, 1980, p. 18.

Evaristo, no Rio; Adão Ventura e Ricardo Aleixo, em Belo Horizonte; e Edimilson de Almeida Pereira, em Juiz de Fora, dentre muitos outros em várias regiões do país, imprimiam tinturas e posturas étnicas em sua dicção literária.

Parte da produção desses autores, publicada em antologias independentes, despertava o interesse de estudiosos estrangeiros que, também em coletâneas, passaram a divulgá-los no exterior, mesmo quando ainda pouco conhecidos ou inéditos no Brasil. Destacam-se dentre as edições brasileiras os já hoje célebres *Cadernos Negros*, publicação do Quilombhoje que, desde 1978, é editado anualmente, divulgando autores de várias regiões, mantendo também uma fértil interlocução com escritores de outros países, em particular, africanos e afro-americanos. Sobre a importância desses encontros, edições e grupos, desses novos "quilombos de palavras", Florentina Souza afirmava:

> Há mais de vinte anos vem se firmando no cenário da produção textual do País um conjunto de vozes que, articulando criação e protesto, define-se como literatura negra ou afro-brasileira. Os autores desses discursos são afro-descendentes que iniciaram uma publicação sistemática de seus textos por volta dos finais da década de setenta, constituindo um circuito editorial alternativo — um quilombo de palavras poéticas, que, de modo similar aos quilombos históricos, estrutura-se como símbolo de resistência e preservação cultural que viabiliza a afirmação identitária e da autoestima. [...] Compreendendo a produção literária como espaço para, entre outros propósitos, interferir nas várias instâncias de poder e representação, essa literatura busca reverter sentidos, encadear e explorar as possibilidades de forjar significados e conexões, resgatar histórias e

tradições de origem africana, ou seja, apoderar-se também do sistema de produção de imagens e significados.[51]

No *Cadernos Negros* n. 7, de 1984, Luiz Silva, o Cuti, reiterava os compromissos estéticos e políticos que fomentavam utópica e ativamente as atividades dele e de tantos outros escritores da época:

> Tenho a preocupação de conscientizar através da minha literatura, comunicar determinados sentimentos — em particular o sentimento negro — porque, enquanto negro, não posso me furtar à experiência de minha condição humana, alegre e triste. [...] Acho também que não há literatura negra sem literatura. A questão do trabalho literário é fundamental.[52]

Esse trabalho de artesania com a linguagem literária era também saudado por Ricardo Aleixo, jornalista e escritor, ao sublinhar nos livros de outro autor mineiro, Edimilson de Almeida Pereira, os toques de uma poética inventiva, que brincava, com intimidade e labor, com a pletora de possibilidades estilísticas dispostas nos repertórios de textualidades da cultura afro-brasileira, transcriando "uma tecnologia poética especificamente negro-africana ou afro-brasileira, apreendida principalmente na estrutura rítmico-lexical dos cânticos de louvor (orikis) das religiões negras", refazendo, "no limite da palavra escrita (e do

51. Souza, Florentina. "Quilombo de palavra". In: Conceição, Jônatas; Barbosa, Lindinalva (orgs.). *Quilombo de palavras: A literatura dos afro-descendentes*. 2. ed. Salvador: CEAO/UFBA, 2000, p. 9.

52. Cuti. *Cadernos Negros*, São Paulo: Quilombhoje, n. 7, 1984, pp. 6-7.

livro enquanto invólucro precário), a textualidade afro-mineira: rítmica, eufônica, plástica".[53]

Em 1987, Oswaldo de Camargo publicava *O negro escrito: apontamentos sobre a presença do negro na literatura brasileira*, uma obra seminal, por suas inclusões e posicionamento face às muitas questões então emergentes. Nesse livro, Camargo revisita a historiografia literária brasileira, trazendo à nossa escuta ensaios sobre autores ignorados, assim como discussões atuais sobre a obra de escritores já reconhecidos, além de apontar, criticamente, em parte da produção mais recente da época, a sobreposição dos reclames intimistas, dos gestos identitários e de pertencimento, ao árduo e necessário trabalho de elaboração com a linguagem poética. No prefácio à obra, Paulo Colina se manifestava sobre algumas das questões suscitadas por Camargo:

> Por experiência, sei que toda vez que o *negro escrito* aparece em um debate, uma conferência, palestra, surgem, de pronto, as perguntas de rotina: "Mas, por que literatura negra? Existe? A literatura tem cor?". E sou obrigado a retroceder às análises que tenho feito desde que me confronto com o mundo. Para chegar à conclusão de que à sociedade pátria interessa o *negro mudo*. Tudo uma questão de voz. [...] Assim, nada mais importante que esse O NEGRO ESCRITO de Oswaldo de Camargo. Para provocar novas discussões e resgatar a voz de autores esquecidos. [...] há o mérito de trazer à tona o mais antigo editor brasileiro, poeta e precursor da Imprensa Negra (em 1833), Paula Brito. O homem que revelou Machado de Assis. De Minas, ainda, Camargo nos traz Henrique de Rezende e Guilhermino

53. Aleixo, Rique. "Viagem à textualidade afro-mineira". *Suplemento Literário de Minas Gerais*, Belo Horizonte, jan. 1989, pp. 6-7.

César, ambos da Revista Verde, de Cataguases, editada em pleno Modernismo. Guilhermino, inclusive, foi um dos fundadores da LEITE CRIOULO, revista negra, no clima de 22. [...] Necessário repensar o que transparece neste livro: após mestre Lima Barreto, o que houve com a prosa ficcional do negro brasileiro? Por outro lado, a nossa literatura contemporânea negra é mapeada a partir de Solano Trindade. Estariam os trabalhos dos poetas negros atuais pendurados entre o social de Solano e o intimismo, o eu, de Cruz e Sousa?[54]

Toda essa variedade de dicções literárias gerava na crítica literária uma tardia atenção particular. O despertar dessa nova mirada, àquela altura ainda tímida e incipiente, foi também motivada e alimentada por outros aportes. No âmbito das reflexões teóricas desconstrutivistas que reconfiguravam o olhar crítico sobre as literaturas nacionais dos países colonizados e economicamente periféricos, em relação aos modelos advindos de nações hegemônicas, realçando as diferenças culturais e as singularidades textuais, ressoavam, mais insistentemente, certas indagações sobre a formação do próprio cânone literário brasileiro e as inúmeras exclusões e lacunas, de gênero, raça e etnias, na eleição de autores e obras que o compõem. No âmbito desse amplo leque de questões, as expressões *literatura negra* e *literatura afro-brasileira* passam a circular mais ostensivamente, no meio acadêmico e artístico, fomentando um polêmico debate conceitual.

Alguns fatos e tendências marcantes também contribuem para essas discussões, dentre eles: as reflexões suscitadas sobre

54. Colina, Paulo. "Prefácio". In: Camargo, Oswaldo de. *O negro escrito: Apontamentos sobre a presença do negro na literatura brasileira.* São Paulo: Secretaria de Estado da Cultura, 1987, p. 11. Grifos do autor.

as literaturas africanas de língua portuguesa; as relações dessas literaturas com a brasileira; o papel da oralidade e a função política dessas literaturas nas lutas pela independência das então jovens nações africanas, o que contribuía para a veiculação dos textos de autores africanos como Craveirinha, Agostinho Neto, Luandino Vieira, Pepetela, dentre outros, em algumas zonas e circuitos intelectuais brasileiros; as revisões e repercussões dos movimentos da negritude e sua importância nas literaturas negras das Américas, pelas quais autores como Senghor, Fanon, dentre outros, eram referidos; as ressonâncias, no Brasil, dos movimentos políticos, artísticos, culturais e reivindicatórios dos negros norte-americanos, e a crescente circulação de textos de escritores afro-americanos no Brasil, dentre eles Langston Hughes, Amiri Baraka e Alice Walker; as ressonâncias dos movimentos internacionais pela libertação de Mandela e contra o Apartheid sul-africano. Acrescente-se a todo esse contexto o crescimento quantitativo e qualitativo de pesquisas de fôlego sobre a ativa e decisiva contribuição dos africanos e de seus descendentes na formação nacional, em várias áreas de conhecimento, sejam elas linguísticas, artísticas, tecnológicas, históricas, religiosas; além da própria emergência, nos anos 1980 e 1990, de intelectuais negros, muitos deles professores universitários, que, em várias áreas do conhecimento, tomam por objeto de pesquisa e de reflexão aspectos os mais diversos da ampla, variada e decisiva experiência e história do negro no Brasil, desvelando, por exemplo, a importância de movimentos como a Frente Negra e a Imprensa Negra, o Teatro Experimental do Negro (TEN), investigando as línguas e dialetos africanos no Brasil, as religiões afro-brasileiras, dentre inúmeros outros temas direta ou indiretamente relacionados à criação textual, escrita e oral. Na mesma época, a crítica de gênero reedita o romance *Úrsula*, publicado em 1859 por Maria Firmina dos Reis, primeira romancista negra brasileira, e reativa-se o debate sobre a obra de Carolina de Jesus.

No âmago dessa fermentação alguns conceitos sobre a literatura negra vêm à tona. Em 1987, Zilá Bernd destaca como um dos traços da produção afro-brasileira mais contemporânea o perfil autonomeado, designando como literatura negra textos nos quais o discurso poético exibe a negrura como marca de linguagem e de asserção identitária autoral. A mesma ensaísta, na organização da antologia *Poesia negra brasileira*, de 1992, enfatizava esses argumentos:

> Para nós, o único conceito aceitável de literatura negra é o que se alicerça nas constantes discursivas das obras. Logo, em nossa perspectiva, não será apenas a utilização de uma temática negra (o negro como objeto), nem a cor da pele do escritor (critério epidérmico) o que caracterizariam a existência de uma literatura negra, mas a emergência de um *eu-enunciador* que se assume como negro no discurso literário.[55]

Os aportes de Bernd desdobravam o uso do termo *negro*, introduzindo um deslocamento epistemológico polêmico, compreendendo a configuração do eu poético em um lugar de enunciação identitária, em que a subjetividade encenada pelo discurso marcaria a apropriação de uma linguagem, de uma cor, de uma raça, eleitos como referências residuais mimetizadas como texto. Em 1991, em minha tese de doutoramento, intitulada *A cena*

---

55. Bernd, Zilá (org.). *Poesia negra brasileira: Antologia.* Porto Alegre: Instituto Estadual do Livro; AGE; IGEL, 1992, p. 13. Grifos da autora.

em sombras, publicada como livro pela editora Perspectiva em 1995,[56] detendo nosso olhar sobre a criação dramatúrgica e cênica do Teatro Experimental do Negro, fundado por Abdias do Nascimento em 1944, postulávamos a possibilidade de se qualificar um teatro negro por eixos teóricos e metodológicos afrorreferenciados, dentre eles a noção de encruzilhada que eu então oferecia como clave teórico-conceitual. Sobre o Teatro Experimental do Negro, eu destacava que os agenciamentos do TEN: 1) sublinhavam os parentescos estilísticos, textuais e teatrais de suas produções com o imaginário e com as tradições performáticas afro-brasileiras e africanas, elegendo operadores teórico-conceituais oriundos dos princípios cognitivos e de visão de mundo ali reelaborados; 2) apontavam os intercâmbios de repertórios nas estruturas de composição cênica e dramatúrgica entrecruzadas na linguagem e na performance teatral, em particular os oriundos dos rituais afro-brasileiros; realçávamos, ainda, no TEN, a ficcionalização e fabulação da persona negra como corpo de memória do conhecimento, conotando o adjetivo negro como uma episteme, um saber, e não apenas como uma epiderme, uma causa, um lamento ou um pesar.

A reiterada ênfase, por escritores e críticos, nos significantes *literatura negra*, *afro-brasileira* e, mais recentemente, *afrodescendente*, as tentativas de conotações teórica, crítica e ideológica, e mesmo a flutuação terminológica, traduziam o fermento e o fomento das discussões que então aguçavam os debates sobre o tema.

Os termos, seus usos e propriedade nos revelam que na ordem da cultura e, em particular, em uma de suas expressões, a literatura,

56. Ver Martins, Leda Maria. *A cena em sombras*. São Paulo: Perspectiva, 1995.

as questões ali instaladas encontram um fértil e necessário ambiente para nossa reflexão. Já em 1987, no livro *O negro escrito*, Oswaldo de Camargo, comentando o próprio uso reiterado da palavra *negro* nessa sua obra, vislumbrava sua conotativa necessidade, como postura estética e ideológica, ainda que provisória:

> Talvez em nenhum texto literário editado neste país se tenha sublinhado tanto a palavra negro. No entanto, é a que nos resta, como demarcação. Território vocabular mínimo — duas sílabas — sobre ele deve pousar um dia, pra valer, a Esperança (três). Vai caber? Todo nosso esforço — com a Literatura Negra, que vamos espalhando por aí — é no sentido de que a Esperança chame a Igualdade e, juntas, se amoldem e conosco permaneçam. Literatura serve também para isso.[57]

Em 2011, o professor Eduardo de Assis Duarte organiza e edita quatro volumes intitulados *Literatura e afrodescendência no Brasil: Antologia crítica*, um painel historiográfico vigoroso, denso, estendido e inclusivo, resultado dos estudos do pesquisador, com inúmeras colaborações de autores e críticos. Elaborada com textos ensaísticos, verbetes e excertos literários, na antologia, o termo *literatura afrodescendente* se instaura como um dos epítetos que também designa esta vasta produção.[58]

Essas atitudes inclusivas e inquiridoras, teóricas e historiográficas, mapeiam os cenários dessa produção, diacrônica e sincronicamente, nomeando a afro-brasilidade como uma das

---

57. Camargo, Osvaldo de. *O negro escrito*, op. cit., pp. 110-1.

58. Duarte, Eduardo de Assis (org.). *Literatura e afrodescendência: Antologia crítica*. Belo Horizonte: Editora UFMG, 2011.

grafias e inscrições na literatura brasileira, realçando os múltiplos matizes de figuratização e encenação da negrura em autores já consagrados, como Machado de Assis, Cruz e Souza e Lima Barreto; ou sublinhando escritores naquele momento menos visíveis ao olhar e à leitura do público e da crítica. Esteticamente, como operação sígnica significante, a experiência negra, como materialidade sígnica, sob singulares tons e matizes, percorre modos de elaboração, apreensão, atitudes e tendências escriturais diversos. No entanto, como nos ensina o próprio Oswaldo de Camargo, "não se completa com citações de alguns nomes o corpo de uma literatura".[59] A leitura dessa diversidade de textos e de posturas resiste a toda e qualquer tentativa de apreensão crítica generalizante e uniformizadora, exigindo de seus leitores a atenção individualizada e o rigor analítico que cada obra e cada texto, como objeto estético, carece para sua mensuração e interlocução apropriadas.

O que essa produção nos solicita não é a condescendência, tão preconceituosa quanto a denegação e o ocultamento, mas, sim, a atenção crítica meticulosa que a nervura do texto impõe, na análise da extensa gama de aspectos entrecruzados que se oferecem à nossa fruição. Afinal, como já postulava Cuti em 1984, "não há literatura negra sem literatura".[60] Também Risério, escrevendo sobre a textualidade negra e ameríndia, já destacava: "E é como arte vocabular, e não somente como toque místico ou produto de interesse etnográfico, que o texto criativo extraocidental se impõe á nossa inteligência e à nossa sensibilidade."[61]

59. Camargo, Osvaldo de. *O negro escrito*, op. cit., p. 107.

60. Cuti. *Cadernos Negros*, op. cit., p. 5.

61. Risério, Antonio. *Textos e tribos*, op. cit.,p. 199.

O viés identitário, o revisionista, o historiográfico, o discursivo, o performático, dentre outros, nos oferecem entradas fecundas nos acervos dessa produção, tanto da mais longínqua quanto da mais recente, mas se tornam redutores, se postulados como sínteses exclusivas e totalizadoras da vivência sociológica ou etnográfica e, não prioritariamente, como experiência literária. Em um breve ensaio de 1995, intitulado "Transnegressão", Ronald Augusto apontava, com muita pertinência, alguns dos riscos inerentes nas catalogações dessa produção. Referindo-se tanto "à organização de antologias fortemente temáticas onde os conteúdos inessenciais se sobrepõem à realização poética mais penetrante" quanto à "publicação de ensaios que investigam estes objetos literários tão só como exemplos de uma afirmação identitária, cuja função seria a de amplificar e dar nobreza documental aos anseios de uma coletividade ou segmento racial", Ronald Augusto acrescentava:

> O grande dano deste traçado programático, delimitador [...] é a exclusão sumária de outros textos/autores que apontam hoje — ou que apontaram no passado — para zonas limiares, imprecisas, abertas ao viés da provisoriedade, onde a inteligência em progresso costuma puxar o tapete à mediocridade conformadora; o esforço dos poetas/escritores que focalizam a sua atenção mais no como dizer e menos, bem menos, no que é urgente dizer talvez ao ouvido do pesadelo da História.[62]

---

62. Augusto, Ronald. "Transnegressão". In: Augusto, Ronald. *Presença negra no Rio Grande do Sul*. Porto Alegre: Secretaria Municipal de Cultura, 1995, pp. 48-9.

Décadas após esta reflexão de Augusto, Edimilson de Almeida Pereira, com fino raciocínio e a agudeza que lhe são peculiares, no ensaio "Poéticas insurgentes" realça que as insurgências mais expressivas são aquelas que se realizam no âmbito das experiências com as tecnologias da linguagem, ainda que a perspectiva sociológica possa também ter méritos:

> Em linhas gerais, a perspectiva sociológica aplicada à literatura tem incluído sob o termo *insurgente* os discursos de grupos e/ou indivíduos marginalizados: expressando-se "desde dentro" de suas experiências, essas vozes contestam o *status quo* do sistema literário e afirmam os traços específicos de suas identidades sociais, políticas e culturais. Sem desconsiderar essa perspectiva, a presente seleção de poemas recoloca a questão da relativa autonomia dos processos de escrita. Ou seja, embora imersa nos conflitos e negociações da vida social, a escrita pode articular-se a partir de si mesma, estabelecendo nuances de forma e significado que sugerem aos leitores novas experiências de interpretação do mundo e de si mesmos. A essa perspectiva que se realiza intrinsecamente como experimentação estética (sem deixar de percorrer os meandros da sociedade) pode-se aplicar também o termo *insurgente*. Desse ponto de vista, derivam poéticas que colocam em xeque as estruturas da linguagem e expandem a poesia como um campo relacionado a diversas áreas do conhecimento.[63]

Quer realcemos os motivos temático-existenciais étnicos, as configurações de contextos socioeconômicos, o manejo das

63. Pereira, Edimilson de Almeida. "Poéticas Insurgentes". *Guaicurus*, Belo Horizonte, n. 5, 2022, p. 16. Grifos do autor.

várias heranças retóricas e estéticas, das diferentes matrizes discursivas e performáticas, os engenhos e modos de representação, as técnicas de composição, e toda a variada gama de elementos e aspectos configurados na e pela criação literária; a abordagem dessa complexa zona de produção textual, que alude à negrura como uma episteme plural e polivalente e à africanidade como um amplo espectro e território de matizes, linguagens e saberes, oferece-nos um vasto e rico repertório para nossa reflexão e deleite. E demandam um olhar e uma escuta perquiridores que nos possibilitem ouvir, no âmbito da literatura brasileira, os múltiplos cruzamentos de tradições estéticas e poéticas, de ritmos e dicções, de cadências e matizes, de vozes e fraseados que nos textos se divertem, dentre eles os que ostentam e traduzem as descendências africanas e afro-brasileiras.

Em síntese, esta pujante produção nos revela incisões e suplementos que incidem na formação do cânone literário brasileiro, renovando-o e nos oferecendo outros vieses possíveis para sua investigação e análise, além de representar sua vigorosa inserção nas séries literárias. A textualidade afro-brasileira, nos variados âmbitos em que vivifica, oferece-nos um amplo feixe de possibilidades de percepção, de pesquisa e de fruição, caligrafando a história e a memória dos sujeitos e das diversas opções textuais que as inscrevem na cartografia estética de nossa cultura.

Assim, a escrita, como um moto-contínuo, como *fina lâmina da palavra*, reinaugura a negrura como sinônimo de realizações complexas e lapidares, como episteme. Como afrografias, nos voltejos vocais, nas gargantas das pautas ou nas espirais do corpo, essa literatura traduz-se em lumes e saberes. Suplementos. Fina lâmina da palavra ou delicado gesto é palavra possante, inventariante, livre. *Littera* e *litura*. Gravuras da letra e da voz. Afinal,

Toda história é sempre sua invenção
e toda memória um hiato
no vazio.[64]

64. Martins, Leda Maria. *Os dias anônimos*. Rio de Janeiro: Sete Letras, 1999, p. 4.

II. POÉTICAS DA CENA NEGRA

A experiência de ser negro num mundo branco
é algo intransferível.

Abdias Nascimento

Olhares ao retrovisor: Apontamentos sobre o teatro negro pós-abolição

A cena negra atual é de um fulgor e uma diversidade extraordinários, fecundando o teatro brasileiro, em suas várias instâncias de criação, com primorosas e instigantes realizações. Nelas a negrura se instala como signo plural de potência e poder. Esta pujança nos insta a lançar um olhar, ainda que breve, ao retrovisor, de modo a vislumbrar as trilhas abertas por predecessores que ousaram pensar e propor um teatro negro no Brasil, como a Companhia Negra de Revistas, idealizada por De Chocolat, em 1926, e o Teatro Experimental do Negro (TEN), criado por Abdias do Nascimento, em 1944. Duas iniciativas de notável valor histórico e estético no percurso contínuo de alçamento do negro e da negrura no teatro brasileiro, em contextos sociais extremamente adversos para a população afro nas décadas que se seguiram à ilusória abolição.

A população negra não é pensada como responsável, constitutiva e qualificada na construção e formação cultural do Brasil nos ideários de nação que se articulam nos períodos que sucedem à Lei Áurea. De fato, a situação social do negro pouco se altera com a proclamação oficial da abolição em 1888. Explorado como objeto e meio de trabalho manual forçado, que, em situação de escravizado, sustentara todo o processo de colonização, o povo preto também não integra os ideais que inauguram a República em 1889, nem os processos de construção e modernização do Estado brasileiro pós-abolição e pós-monarquia. Pelo contrário. Vigoram na República os mesmos pressupostos do sistema escravocrata, com a manutenção da população negra nos degraus mais inferiores da pirâmide social, sem as condições legais, políticas e econômicas, sem projetos de compensação, reparação financeira, educação formal e qualificação mais diversificada para o mercado de trabalho que pudessem viabilizar sua passagem de escravizado a cidadão, com ações necessárias para a superação das desigualdades impostas e decorrentes do sistema escravista. Acrescente-se a tudo isso a queima de arquivos sobre o tráfico negreiro, patrocinada por Rui Barbosa. A abolição quase se resume a um édito, pois permanecem as condições adversas e socialmente perversas que manifestam o domínio e o poder que barram a ascensão social do negro e o alcance de condições dignas de existência em vistas a uma plena cidadania. O negro desliza de escravizado a servo.

O ideário de branqueamento da população brasileira, a adesão aos pressupostos cientificistas e de pureza racial dos *pseudos* valores da eugenia, o estímulo à imigração de povos europeus brancos, para arianizar e "purificar" racialmente o país, a proibição da imigração de pessoas de cor, a manutenção das condições de pobreza do povo preto, a denegação do racismo institucional e social, bases para o posterior conceito de uma pretensa e falaciosa "democracia racial", demonstram a marginalização da população negra, o ideal de extinção étnica e a completa negação de sua relevância na formação político-social, cultural e histórica do país. De forma eficaz, o sistema social mantém o racismo como estrutura. A servidão, o confinamento compulsório em níveis sub-humanos de existência e marginalização, e todo o aparato de segregações veladas instauram um verdadeiro *apartheid* que serve à inaugural República, assim como bem servira à escravidão. A pessoa negra passa a ser pensada como um "problema" a ser extirpado. Como tantos outros, Monteiro Lobato é um dos que idealizam a limpeza étnica, assim como Pandiá Calógeras, para quem o extermínio dos negros é temporalmente previsto e desejado, como nos informa Orlando Barros:

> Para ele, o imigrante italiano tinha uma dupla utilidade, a de "substituir, até eliminar, o trabalhador negro ou mestiço pelo branco" e diluir progressivamente o sangue não branco e, "principalmente", a de promover "mais evoluída organização...". [...] "De ano para ano, por essa forma, se acrescenta o alvejamento, e, hoje em dia, podemos assegurar que dentro de um prazo curto, para aumento do fator básico e para a inexistência de imigrações pretas, a população do Brasil será branca em sua esmagadora maioria. [...] O problema negro terá desaparecido..."[1]

De escravizado a servo e nunca a cidadão. Nos âmbitos social e cultural, as práticas de exclusão e os estigmas preconceituosos prevalecem, apesar das ações de indivíduos e movimentos, como Lima Barreto e a Imprensa Negra, que buscam denunciar as desigualdades econômico-sociais, a ausência de direitos, as assimetrias de poder e as práticas de segregação e discriminações ostensivas.

Assim também nas artes e especificamente no teatro. Na segunda metade do século XIX, ainda que no teatro o negro

1. Barros, Orlando de. *Corações De Chocolat: A história da Companhia Negra de Revistas (1926-27)*. Rio de Janeiro: Livre Expressão, 2005, p. 237.

escravizado figurasse como personagem, como parte do discurso abolicionista, o interesse dos dramaturgos era menos na integridade da pessoa negra escravizada e mais na necessidade de se extirpar o sistema escravocrata por suas consequências e efeitos perniciosos para a sociedade branca. Os dramaturgos apontavam seus males, não porque a escravidão degradava o negro em sua condição humana, mas pelo seu poder em afetar, pelo convívio e contágio, as famílias e a população brancas.

Já em fins do XIX, com raríssimas exceções, a representação do negro resumia-se às imagens estereotípicas e caricaturais, cujas marcas expressivas mais comuns causavam a invisibilidade e a indizibilidade do retratado, como já o pontuei em *A cena em sombras*.[2] Do século XIX, o teatro brasileiro herdara um modelo de configuração do negro apoiado em vícios de representação que, propondo mimetizar o sujeito negro, sua história, cultura e saberes, apenas repetia e disseminava uma visão de mundo etnocêntrica europeia, não apenas na configuração dos sujeitos encenados, assim como no desconhecimento de modos performáticos e formas advindos dos repertórios das culturas negras. Nessa cena, a negrura era um signo indesejável e pejorativo, sendo o sujeito negro dramatizado e reconhecível por meio de um aparato de representações grosseiras e de uma linguagem preconceituosa, que o projetavam como avesso do personagem branco, este, sim, encenado como sujeito universal, uno e absoluto.

Salvas poucas diferenças, a figuração do negro no palco brasileiro apoiava-se em três modelos predominantes: o do negro submisso, personagem sempre dócil e passivo, dependente da ação alheia na definição de sua história pessoal e coletiva; a do

2. Ver Martins, Leda Maria. *A cena em sombras*. São Paulo: Perspectiva, 1995.

elemento considerado pernicioso, cujo caráter e natureza "animalescos" ameaçavam os lares e a sociedade hegemônica branca; e a do negro caricatural, cujos movimentos corporais, feições, linguagem e ignorância compulsória motivavam o riso escarnecedor das plateias. A figuratização feminina acompanhava os mesmos moldes, ora representada como alegoria de uma sexualidade excessiva, desfigurada por uma maquiavélica e redutora imagem de uma pulsão libidinosa amoral; ora esse mesmo corpo se desenhava de forma inversa, assexuado, sem história própria, apenas uma extensão secundária das famílias brancas que os tinham como serviçais, menos um sujeito e mais um objeto complementar descartável do ambiente familiar branco. Encarcerado nessas molduras de ficcionalização, que mimetizavam o imaginário e as práticas ideológico-raciais brasileiras, o negro, no jogo de espelhos da cena teatral, estigmatiza-se como uma miragem adversa, avessa e socialmente indesejável, familiar às plateias, em geral majoritariamente brancas, cujo imaginário o palco acriticamente reiterava. A experiência da alteridade negra reduzia-se, assim, à própria negação do outro, projetado como simulacro ou antônimo das personagens socialmente reconhecíveis.[3]

Nas décadas que se seguem à abolição, a presença de personas negras nos palcos fenece, a não ser em estereótipos e caricaturas. Como revela a exemplar e preciosa síntese de Miriam Garcia Mendes:

> após ser decretada a Abolição, decaiu o interesse do autor pela personagem negra encarada com dignidade. Já não é mais tão fácil encontrar registro de peças sérias, onde o negro seja personagem principal

3. Ver Ibidem.

> ou secundária. [...] Se ele ainda aparece, e é o caso de *O dote*, de Arthur Azevedo, é encarnando um dos estereótipos mais comuns que a escravidão deixou: o antigo escravo fiel, agora transformado pela idade no velho Pai-João, cheio de sabedoria ingênua e bondosa, ainda capaz de fazer alguma coisa pelo sinhozinho, hoje patrãozinho. Nas comédias do teatro ligeiro, os estereótipos são ainda mais marcados e sob a aparência de comicidade, o que continua patente é a extrema inferioridade do negro diante do branco. As tentativas de melhorar o nível da dramaturgia brasileira e que culminaram com a série de espetáculos realizados no Teatro da Exposição em 1908 ignoraram a personagem negra. [...] O renascimento da comédia de costumes, em 1916, recuperou alguns dos estereótipos de negros mais comuns, e os descendentes dos Pedros (*O demônio familiar*) e Felisbertas (*Direitos por linhas tortas*), agora empregadinhos e empregadinhas mulatos, confiados, criadores de casos, mas bondosos e afeiçoados às famílias que os empregavam, tornaram-se complementos quase obrigatórios das comediazinhas que faziam as delícias do público espectador da época.[4]

Apesar de alguns poucos atores e atrizes negros conquistarem certa projeção e notoriedade, muitas vezes passageiras e breves, principalmente nos picadeiros circenses, em comédias ligeiras e no teatro de revista, sua presença marca exceções e nunca regularidade, apesar dos muitos tipos caricatos familiares às plateias. Nos considerados papéis "sérios" e mesmo em muitas comédias, predominava a *black face*, o ator branco tingido de preto, o que

4. Mendes, Miriam Garcia. *A personagem negra no teatro brasileiro (entre 1838 e 1888)*. São Paulo: Ática, 1982, pp. 198-9.

acentuava a natureza cômica e destrutiva da caricatura. Não havia um lugar digno para o negro no teatro brasileiro.

Mesmo no contexto dessas adversidades enfrentadas pelo negro no teatro dito sério, em outros cenários, como o de teatro de revista, o boulevard e o circo, a presença negra era marcante, mesmo repetindo estereótipos. Como enfatiza Mirlene Nepomuceno,[5] em fins do XIX e nas primeiras décadas do século XX, a efervescência do teatro cômico mais ligeiro e das práticas musicais afro-brasileiras fomentava a indústria cultural urbana, com novos gêneros e formas *sui generis*, nas quais o artista preto escavava espaços de inserção, na contramão das práticas hegemônicas dominantes que o excluíam. O lundu, o maxixe, o samba, o ticumbi, o jongo, dentre outros ritmos e danças, atraíam a população negra, como atuantes e público, assim como as plateias brancas. A autora, com muita propriedade, considera que a emergência dessas manifestações urbanas causava reboliços, de atração e de repulsa, significando uma apropriação de território cultural e performático, pela qual o artista negro rompia as reservas e de certo modo se impunha, alcançando certa visibilidade para a presença das artes negras, principalmente as musicais, apesar dos inúmeros obstáculos e perseguições enfrentados pelos artistas e produtores negros para atuação no palco considerado mais nobre.

O riso invadia a cena e nele estava o negro, ainda que na maioria das vezes em vestes caricaturais e grotescas. Há também

5. Nepomuceno, Nirlene. *Testemunhos de poéticas negras: De Chocolat e a Companhia Negra de Revistas no Rio de Janeiro (1926-1927)*. Dissertação (Mestrado em História) — Pontifícia Universidade Católica de São Paulo, São Paulo, 2006.

que se destacar os frutíferos intercâmbios, seja com artistas das Américas, seja com a Europa, que fomentavam trocas, relações, além de abrir possibilidades de apresentação e de trânsito de artistas negros de várias nacionalidades no Brasil e de artistas brasileiros no exterior, principalmente na França. Afirma Nepomuceno:

> Fazendo teatro ligeiro, as companhias negras de revistas participaram de um gênero teatral musical, com influência do *vaudeville*, que predominou nas grandes cidades brasileiras, sobretudo no Rio de Janeiro e em São Paulo, entre o final do século XIX e as cinco primeiras décadas do XX. Menosprezado por intelectuais que, em nome do progresso e da civilização empenhavam-se pelo teatro de tese, julgavam capaz de reformar gostos, comportamentos e costumes das plateias, o teatro musicado era, na proporção diretamente inversa, adorado pelos segmentos populares das cidades que deixavam o mundo rural para trás. Esse novo viver urbano implicou "um mundo marcadamente mais rápido, caótico, fragmentado e desorientador",[6] privilegiando o consumo do lazer, oferecido por uma então incipiente indústria do entretenimento. [...] Podemos perceber, nesse mundo do divertimento, tensões, ambiguidades e conflitos que afloraram entre valores e estéticas de grupos letrados e de "grupos tributários de gêneros de expressão oral",[7] entre negros de diversas etnias e modos comunitários de vida frente à nascente

---

6. Singer, Ben. "Modernidade, hiperestímulo e o início do sensacionalismo popular". In: Charney, Leo; Schwartz, Vanessa (orgs.). *O cinema e a invenção da vida moderna*. São Paulo: Cosac Naify, 2001, p. 96.

7. Antonacci, Maria Antonieta. "Corpos negros desafiando verdades". In: Bueno, Maria Lúcia; Castro, Ana Lúcia de (orgs.). *Corpo território da cultura*. São Paulo: Anablume, 2005, p. 29.

indústria do individual direito autoral. Além da disputa por legitimidade e espaço, estava em jogo a ruptura de padrões estéticos e de convivência política.[8]

Neste cenário dinâmico, ambivalente, tenso e conflituoso, estreia a Companhia Negra de Revistas em 1926, idealizada por De Chocolat.

De Chocolat, codinome do baiano sediado no Rio João Cândido Ferreira, bailarino, ator, dramaturgo, produtor, diretor artístico e empreendedor, compositor, cantor, idealiza transformar esse cenário. Observando a significativa ausência do performer negro nos palcos brasileiros e a exclusão de temas negros, impressionado pelos elencos negros nas *jazz bands*, de estrondoso sucesso na Europa nas primeiras décadas do século XX, pelos bataclãs franceses, também compostos e integrados por bailarinos afrodescendentes; atento à avassaladora notoriedade de Josephine Baker, que encantava e seduzia as plateias europeias, e também motivado por sua própria experiência bem-sucedida como ator e bailarino na Europa, principalmente na França, o versátil artista idealiza uma companhia de revista composta por um elenco negro.

Em 31 de julho de 1926, estreia a Companhia Negra de Revistas, fundada, em parceria, por De Chocolat e Jaime Silva, já então conhecido cenógrafo, que adere ao empreendimento com capital e prestígio. De Chocolat, Jaime Silva e Alexandre Montenegro assinam a *mise-en-scène* e levam ao palco o texto de De Chocolat, *Tudo preto*, com regência musical de Pixinguinha. Integram o elenco, na estreia, além de De Chocolat e Dalva Spíndola,

8. Nepomuceno, Nirlene, op. cit., pp. 23-4.

"Jandira Aimoré, Rosa Negra, Djanira Flora, Miss Mons Murray, Soledade Moreira, Guilherme Flores, Belisário Viana, Vicente Fróis, Waldemar Palmier e Domingos de Souza (Mingote)".[9] Todos pretos, com uma exceção, o ator branco Soledade Moreira, que representava um português.

As controvérsias que a aparição de uma companhia de revista negra provoca são inúmeras, como bem revelam as crônicas que oscilam entre elogios ambíguos, inibidos e duvidosos, e mesmo ataques virulentos. Ainda assim a novidade conquista público e é objeto de intensos e calorosos aplausos. Esta relação ambivalente da imprensa com o espetáculo merece particular atenção. Os cronistas tecem poucos comentários sobre o texto, enaltecem um ou outro performer, são férteis em elogios a Jaime Silva, mas revelam certa reticência e mesmo indisposição por De Chocolat, apesar das reverências que também recebe. De personalidade altiva e autoconfiança desafiadoras, o bailarino, com sarcástica ironia, muita engenhosidade e sagacidade, retruca, contrapõe, promove a companhia e seus ideais, desafiando a corrente de maus ditos. A relação no mínimo ambígua e muito diversa da crítica em relação aos dois sócios, um branco, quase sempre enaltecido, e o outro, negro, criticado, será também determinante no destino da Companhia. Uma matéria do jornal *A Rua*, alguns dias após a estreia, ataca frontalmente De Chocolat, numa crítica ácida que tenta desqualificar total e integralmente sua participação como diretor artístico e mesmo como ator e bailarino. Curiosamente, poucos meses depois desse episódio, em setembro de 1926, De Chocolat deixa a Companhia que idealizara e criara, alegando que Jaime Silva não firmara legalmente o contrato de sociedade

9. Barros, Orlando de, op. cit., p. 87.

que embasara a parceria. Esse rompimento será seminal na própria carreira do bailarino, ator e escritor.

A partir desse rompimento, Jaime Silva passa a comandar a Companhia Negra de Revistas, usufruindo de seu sucesso nas excursões que realiza por vários estados brasileiros. Com a proibição judicial de utilizar o texto de De Chocolat *Tudo preto*, o maior sucesso da Companhia, ele chega a dele se apropriar nas apresentações que se seguiram, renomeando-o como *Tudo negro*, com algumas mudanças sutis de *sketches* e de texto, driblando o impedimento legal, mas sem reconhecer as usurpações de autoria denunciadas pelo antigo parceiro e idealizador do mútuo empreendimento.

Controverso, mas persistente em seus propósitos, De Chocolat, enfrentando várias dificuldades, cria uma segunda companhia, a Ba-Ta-Clan Preta, que, depois de muitos adiamentos, estreia em novembro de 1926. Os litígios com seu anterior parceiro, dificuldades de patrocínio e mesmo de locais para ensaios, além da animosidade da imprensa em relação às suas iniciativas, prejudicam a sobrevivência de sua nova trupe. Apesar de rivalizar com a antecessora e de contar com a participação do já célebre Pixinguinha e da reconhecida atriz Rosa Negra, estrelas de primeira grandeza, a Ba-Ta-Clan Preta é extinta em poucos meses.

A Companhia Negra de Teatro, sem De Chocolat, segue uma trajetória de sucesso, em excursões por muitas capitais e cidades do interior, atraindo significativo público, principalmente após a inclusão de um jovem ator, o então pequenino Otelo, anunciado na divulgação dos espetáculos como tendo a idade de seis anos, quando, na verdade, já contava dez ou doze. O sucesso do jovem ator é imediato e seu talento exaltado, sem exceção, por inúmeros comentaristas e críticos. Nomeado de Grande Otelo, pelo seu descomunal desempenho artístico, histrionismo singular e talento extraordinário, Otelo, menino ainda, passa a ser a grande estrela da trupe em todos os lugares onde se apresentavam. É interessante observar que, após sua saída voluntária em 1927, em poucos meses a Companhia Negra de Revistas deixa de existir. No mesmo período a Companhia sofre boicote do governo brasileiro e da Sociedade Brasileira de Autores Teatrais (SBAT), que a impedem de excursionar à Argentina. A campanha contra essa pretendida excursão foi avassaladora e nela se exercitaram todos os preconceitos e estigmas contra o negro na sociedade brasileira.

Performando para uma plateia predominantemente branca da emergente burguesia e integrante de uma incipiente cultura de massa urbana, a dramaturgia textual de ambas as companhias, apesar de toda a modernidade e inovações cênicas que produzem, encontram inúmeras dificuldades no enfrentamento do racismo estrutural brasileiro. Deslizando entre o deboche, a paródia e a sátira, muito próprias do cômico, exploram o riso assentado em tipos familiares, ainda que tentem, pelo forte sarcasmo, denunciar os preconceitos que os alicerçam. Ao parodiar estereótipos familiares, os dramaturgos tentam, pela força transgressora do riso, provocar o sistema, mas sem necessariamente afrontá-lo de forma direta. A exploração do cômico lhes possibilita uma convivência ainda que instável com o sistema social discricionário e opressor, em simbólicas negociações que revelam muitas vezes as frágeis e assimétricas relações de poder raciais, assim como revelam os títulos dos espetáculos nos quais prevalecem alusões fenotípicas e traços distintivos de cor: *Tudo preto*, *Preto e branco*, *Carvão nacional*, *Na penumbra*, *Café torrado*. A postura mais crítica ao sistema se sustentava em um equilíbrio precário entre o desejo de criticar e a necessidade de não afastar e ofender o público, os patrocinadores e mesmo a imprensa, majoritariamente brancos. Nessas difíceis condições, as contestações se misturam com concessões, provocando ambivalências e desequilíbrios complexos.

O texto *Tudo preto*, de De Chocolat, é exemplar neste exercício de replicação de uma dupla fala subliminar engenhosa. Muitos *sketches* repetem piadas paródicas sobre o negro, que constituem o que podemos denominar de caricatura da caricatura, nas quais o próprio negro parece rir de si mesmo como objeto do olhar do branco, ao mesmo tempo que ridiculariza esse olhar. No entanto, em vários momentos, de forma alternada, sucedem-se evocações de personalidades e tipos negros, postulando-se a importância do negro como orgulho racial e cultural da nação, como fundante e elemento ativo na construção da nacionalidade e da cultura brasileira, alçando imagens positivas como as de Lima Barreto e Cruz e Souza, ou outras figurações como a da então celebrada Mãe Preta, assim como exaltavam aspectos da cultura negra, principalmente os relativos à dança e à música. Argumentos que habitariam alguns outros textos e que eram disseminados por alguns raros setores e organizações, como a Imprensa Negra, que advogavam o alçamento da cultura negra e da herança africana na construção e formação do país, prenunciando uma certa consciência negra latente. Sobre essa situação, afirma Thiago de Melo Gomes:

> Mais uma vez nota-se aqui o fato crucial de ser aquele um período central na construção da ideia de que existiria uma "cultura negra", cujo repertório seria formado por músicas, danças, cantos, festas, gestos, comportamentos e outros elementos. A construção dessa ideia foi um processo transnacional, que envolveu países

europeus (principalmente aqueles marcados pela experiência colonial), africanos e americanos (naturalmente com destaque para aqueles que assistiram à importação em massa de escravos africanos). Nesse sentido, *Tudo preto* ajuda a sublinhar alguns pontos centrais desse processo. Primeiramente a importância do mundo do entretenimento, já que palcos e discos foram espaços em que "cultura negra" foi um termo negociado diariamente. Mais que isso, pode se ver em *Tudo preto* que aquilo que passou a ser designado sob a expressão "cultura negra" passou a ter maior chance de aceitação na medida em que se evidenciava a capacidade técnica e o domínio da linguagem artística por parte dos afro-brasileiros. A peça aponta ainda alguns caminhos a partir dos quais essa "cultura negra" se conectou fortemente à ideia de brasilidade. *Tudo preto* flagra o transcorrer de uma negociação na qual afro-brasileiros tomaram parte ativa e que resultaria na consolidação de ideia como "democracia racial".[10]

Uma prática de avanços e recuos como estratégia de sobrevivência. Esse exercício pendular, entre a denúncia e a concessão, demonstra a complexidade e as dificuldades nas relações com o *status quo*, à medida que às imagens negras positivadas que confrontam o racismo se interpõem argumentos que parecem espelhar, pelo menos como desejo, algumas das ideias que substanciarão a concepção falaciosa da "democracia racial", apesar de todas as desigualdades e assimetrias de poder evidentes e ostensivas, o que pode ser justificado por sua dependência das finanças

10. Gomes, Thiago de Melo. *Um espelho no palco: Identidades sociais e massificação da cultura no teatro de revista dos anos 1920*. Campinas: Editora Unicamp, 2004, pp. 341-2.

e das plateias, quase exclusivamente formadas pela elite urbana branca, como também o observa Thiago de Melo Gomes.[11]

Sem as condições que lhes permitissem sobreviver por períodos mais extensos, necessários para uma atuação contínua, desejada e desejável, que lhes possibilitassem promover mudanças e interferências efetivas na prática teatral, em 1927 desaparecem de cena a Companhia Negra de Revistas e a Ba-Ta-Clan Preta. Nos próximos anos outras iniciativas, como a Companhia Preta de Mulatas, também não vingam e fenecem. Thiago de Melo Gomes afirma que, apesar de capturar a atenção de uma parte, ainda que minoritária, do público, "disposto a ouvir sua mensagem", as crônicas da época demonstram o pensamento racista predominante:

> é fácil notar que a associação entre raça e nação nos anos 1920 possuía uma série de significados. Havia quem julgasse que os descendentes de escravos não deveriam ter um papel muito diferente daquele exercido por seus ancestrais [...] Outros [...] não conseguiam separar indivíduos de pele mais escura de descrições essencializantes, que muitas vezes beiravam a animalização completa desses indivíduos.[12]

Vários artistas negros já haviam alcançado alguma notoriedade na época, antes do surgimento da Companhia, tais como Júlia Martins, Oswaldo Viana, Bugrinha, Eduardo das Neves, Patápio Silva, Geraldo Magalhães, Ascendina Santos, Rosa Negra, Benjamim de Oliveira, Sebastião Cirino, Araci Cortes, Jandira Aimoré, o próprio De Chocolat e Pixinguinha. Com a Revista, outros

11. Ibidem, p. 342.

12. Ibidem, p. 301.

artistas negros emergiram, Dalva Spíndola, Djanira Flora, Deo Costa, Grande Otelo, por exemplo. Mas não conseguiram manter uma trajetória regular, desaparecendo de cena precocemente. Pixinguinha e Grande Otelo foram nobres exceções, ainda que, em sua carreira, Grande Otelo raramente pudesse exercitar seu notável talento, pois o enclausuraram no desempenho histriônico de papéis cômicos, quase sempre caricaturais.

Em 1928, De Chocolat voltara a excursionar pela Europa. Em 1936 funda a Casa de Caboclo e, em 1938, a Companhia Negra de Operetas e Revistas. Senhor de múltiplos talentos, controverso, pródigo em cultivar amizades e afetos, quando de sua morte, em 1956, inúmeros depoimentos atestam o reconhecimento à sua importância, versatilidade, criatividade, competências e iniciativas ao longo da carreira.

Apesar das suas curtas durações e da pouca efetividade na criação de uma sólida rede de sustentação e de uma plateia negra, as revistas negras marcaram época e foram pródigas em realçar os ricos repertórios performáticos, principalmente os que derivam das práticas negro-africanas. Nesse território extremamente competitivo e excludente, baseado sobretudo em estereótipos, fomentaram a incipiente indústria de entretenimento urbano, principalmente no Rio de Janeiro e em São Paulo. Mesmo não rompendo efetivamente os cenários de exclusão, então cada vez mais acentuados, do performer negro, sem muitas possibilidades para desempenhar e exercer com mais dignidade suas qualidades e talentos, é incontestável sua importância na historiografia do negro nas artes cênicas no Brasil.

As companhias negras de revista não romperam com o que Veneziano define como estrutura "clássica" do gênero ligeiro, tipos de espetáculo que se caracterizaram por equilibrar esquetes declamados e números musicais e de dança que funcionavam como fio condutor de crítica de costumes, sátiras políticas, humor e malícia. Se não rompeu com a estrutura, as companhias negras, em especial a Negra de Revistas, "arranharam" convenções e tipificações mais comuns desse gênero teatral, que sempre se apoiou em tipos populares, e "rasuraram a escrita" da figuratização do teatro brasileiro.[13]

O exercício de uma crítica contundente ao sistema, de uma prática efetiva de permanente derrisão e denúncia do racismo e de seus protocolos, no entanto, só viria algumas décadas depois das iniciativas das companhias de revistas negras, com a emergência do Teatro Experimental do Negro, em 1944.

Nos anos de 1940, a situação do negro na sociedade não se alterara, e no teatro ainda predominavam os mesmos cenários confrontados por De Chocolat. Assim, não surpreende que muitos dos mesmos desafios e obstáculos seriam enfrentados por Abdias do Nascimento, fundador do TEN, e seus inúmeros colaboradores e parceiros, nas ações empreendidas pelo Teatro Experimental do Negro. Ainda prevaleciam imagens deformadas, estereotípicas e caricatas dos sujeitos e das referências negras, assim como a quase total ausência de uma dramaturgia e de convenções performáticas que buscassem na história do negro tanto as fábulas quantos as formas que expandissem o conhecimento sobre a herança cultural e civilizatória dos povos africanos e de seus descendentes no Brasil. Através dessas linhagens de dramatização da *persona* negra, o teatro brasileiro veiculava e reificava um discurso do saber que se propunha como verdade,

13. Nepomuceno, Nirlene, op. cit., p. 110.

estabelecendo convenções de figuração e argumentos de autoridade cênica e dramatúrgica que estabeleciam *a priori* um valor pejorativo e um lugar marginal e periférico para o negro na cena brasileira, como tema, personagem ou intérprete.

Nesse cenário, a negrura se estigmatizava como sinônimo de invisibilidade e de indizibilidade. Invisível, como o personagem de *Invisible Man*, narrativa de Ralph Ellison, porque só percebido e representado, a despeito de si mesmo e de sua história, por um olhar que o estigmatizava e por uma série de estereótipos que negam sua humanidade; indizível porque o discurso que o constituía em cena reduzia-no a uma imagem alheia e alienante, imposta como paradigma na dramaturgia e no palco brasileiro, como extensões da práxis social que legitimava, sem nunca problematizar, os vícios desses modelos de encenação. Nesse viés, o palco mimeticamente se recriava como imagem especular de uma sociedade excludente e de uma mentalidade racista e discriminatória, quer em sua fabulação, quer em seus artifícios de dramatização. E os raros personagens negros protagonistas seriam ainda interpretados por atores brancos, maquiados de preto.[14]

O Teatro Experimental do Negro surge em plena vigência do Estado Novo, estreando em 5 de maio de 1945 com a montagem de *O imperador Jones*, de Eugène O´Neill, cenários de Enrico Bianco, e Aguinaldo de Oliveira Camargo no papel-título. E se ergue como um movimento de vários ideários, frentes e nuances, visando transformar e transtornar a mentalidade brasileira, revelando e denunciando com contundência as práticas discriminatórias, com proposições e atividades diversificadas e diferenciadas para combater o racismo como um malefício, um estigma,

14. Ver Martins, Leda Maria, op. cit.

um sistema e uma prática cujos domínios infectam a sociedade brasileira.

O TEN apresentava-se como um projeto cultural de intenções ambiciosas e abrangentes, sendo pensado como "um amplo movimento de educação, arte e cultura", como salientava o próprio Abdias. Sob sua regência, seu idealizador e principal liderança, o TEN se constitui como um contraponto insurgente em relação às periféricas situações do negro, e da negrura, no teatro brasileiro, estendendo suas críticas ao cenário social mais amplo, no qual o racismo, como estrutura, sistema e prática, condicionava os papéis e funções do negro, teatral e socialmente. Em função desse ideário, as atividades e agenciamentos do TEN integravam a função teatral a outras ações culturais e sociais, almejando alcançar mudanças radicais no palco e na sociedade em geral, como sempre reiterava Abdias:

> A literatura dramática assim como a estética do espetáculo, fundadas sobre os valores e óptica da cultura afro-brasileira, emergiram como necessidade e resultado lógico do exame, da reflexão, da crítica e da realidade do TEN, o qual organizou e patrocinou cursos, conferências nacionais, concursos e congressos, ampliando dessa forma as oportunidades para o afro-brasileiro analisar, discutir e trocar informações e experiências. [...] Nosso teatro seria um laboratório de experimentação cultural e artística. [...] O TEN existiu como um desmascaramento sistemático da hipocrisia racial que permeia a nação.[15]

15. Nascimento, Abdias (org.). *O quilombismo: Documentos de uma militância Pan-Africanista.* Petrópolis: Vozes, 1980, p. 68.

Vale lembrar que, apesar das iniciativas louváveis d'A Companhia Negra de Revistas, idealizada por De Chocolat, em 1926, foi somente com o advento do Teatro Experimental do Negro, em 1944, que se inaugurou, no Brasil, um projeto e um movimento sistemático de produção, reflexão, investigação e crítica que visasse alcançar transformações sociais e culturais de largo alcance. O TEN fazia-se, assim, um irradiador de denúncias sobre o racismo como sistema e estrutura, e, principalmente, um celeiro de proposições afirmativas então inéditas, dentre elas: o alçamento da importância ímpar dos povos africanos escravizados e seus descendentes na formação civilizatória brasileira, em todos os seus aspectos; a criação de uma dramaturgia que tivesse o negro e a negrura como temas; e a construção de uma linguagem cênica que também traduzisse o rico repertório performático, narrativo e estético das matrizes africanas e afro-brasileiras, almejando uma realização teatral e cênica diversa, inclusiva e potente. A adesão ao movimento da negritude, que então se alastrava pelas Américas, as referências ao Black Renaissance, as relações com renomados intelectuais e artistas brasileiros e os intercâmbios com Sartre, Camus, Eugene O'Neill, dentre outros, serão algumas das preciosas e determinantes interlocuções promovidas por Abdias e pelo TEN.

Participaram com Abdias Nascimento dos projetos do TEN, em diferentes períodos, Maria do Nascimento, responsável pela Teatro Educação, Aguinaldo de Oliveira Camargo, Ruth de Souza, Lea Garcia, Arinda Serafim, Ironides Rodrigues, Claudiano Filho, Wilson Tibério, José Herbel, Teodorico dos Santos, Haroldo Costa, Marina Gonçalves, Mercedes Batista, Solano Trindade, Enrico Bianco, Tomás Santa Rosa, Brutus Pedreira, Augusto Boal, dentre muitos outros que apoiaram as montagens, dentre os quais Bibi Ferreira e Nelson Rodrigues.

Suas ações atingem um amplo espectro e ativismo: espetáculos cênicos; congressos; seminários; ações educativas diversas; interlocução e intercâmbios com escritores, filósofos e artistas, nacionais e internacionais; realização de cursos de alfabetização e de interpretação para a população negra; participação em montagens, performances e filmes; parcerias com várias iniciativas de outros grupos e agentes culturais; publicações, concursos de beleza e de artes visuais, como os Rainha das Mulatas e Cristo Negro. Como já salientei anteriormente,

> A ideia de um Teatro Negro, alicerçado na experiência histórica positiva do afrodescendente, a denúncia do racismo, a ênfase na reconfiguração de temas, fábulas e personagens; a pesquisa de recursos e processos teatrais advindos do acervo de referências civilizatórias, históricas e estéticas das culturas africanas e afro-brasileiras e, ainda, o ideal de construção de uma dramaturgia alternativa e de um corpo de atores que pudessem representar a própria história, matizam os ideais do TEN.[16]

Além dessas e de inúmeras outras ações, o TEN produziu publicações valiosas e exemplares, dentre elas *Quilombo*, um periódico semanal que, de 1940 a 1950, fez circular artigos, notícias, reflexões e debates; o precioso livro *Teatro Experimental do Negro: testemunhos*,[17] de 1966, fonte inestimável para se investigar as reações críticas às realizações do TEN, e a memorável antologia

---

16. Martins, Leda Maria. "Teatro do Negro". In: Guinsburg, J.; Faria, João Roberto; Lima, Mariangela Alves de (orgs.). *Dicionário do teatro brasileiro, temas, formas e conceitos*. São Paulo: Perspectiva. 2006, p. 209.

17. Nascimento, Abdias. *Teatro Experimental do Negro: Testemunhos*. Rio de Janeiro: Edições GRD, 1966.

de textos dramatúrgicos intitulada *Dramas para negros e prólogo para brancos: Antologia de teatro negro brasileiro*, editada em 1961, cuja segunda edição a editora Temporal e o Instituto de Pesquisas e Estudos Afro-Brasileiros (Ipeafro) publicaram em 2024, em uma bela reedição, acrescida de ensaios e depoimentos valiosos.[18]

O livro *Dramas para negros e prólogo para brancos* traduz os esforços incansáveis de Abdias para transformar o *status quo*. O dinâmico diretor do TEN aciona então escritores brasileiros instando-os a produzir peças que tivessem o negro como protagonista, em papéis sérios e enredos mais complexos. Um gesto de busca de renovação que se inseria nos movimentos de transformação cênico-dramática e de modernização do teatro brasileiro, muito intensos na época. De intelecto arguto e combativo, Abdias revela-se um resiliente construtor de redes de relações e alianças estratégicas, um idealizador incansável, uma das suas muitas competências que tornaram possíveis as inúmeras realizações do Teatro Experimental do Negro. Muitos escritores respondem ao seu desafio. E assim, dentre inúmeras outras peças que, no "Prólogo para brancos", revela existirem, Abdias Nascimento reúne nessa publicação emblemática nove textos dramatúrgicos, alguns deles especificamente criados e encenados pelo TEN. São obras de Lúcio Cardoso, Romeu Crusoé, Rosário Fusco, Agostinho Olavo, José de Morais Pinho, Joaquim Ribeiro, Tasso da Silveira e Nelson Rodrigues.

Além de organizar a dramaturgia, e nela incluir um texto de sua autoria, *Sortilégio, mistério negro*, Abdias também escreve o "Prólogo para brancos", um ensaio seminal e contundente no

18. Ver Nascimento, Abdias (org.). *Dramas para negros e prólogo para brancos: Antologia de teatro negro brasileiro*. São Paulo: Temporal; Rio de Janeiro: Ipeafro, 2024.

qual tece um panorama histórico do teatro, do antigo Egito à sua atualidade. Com uma elaborada e engenhosa argumentação, destaca a contribuição negra nesse processo, sublinhando aportes significativos, muitas vezes negligenciados na narrativa sobre o teatro. Em primeiro lugar, desloca as referências teatrais das origens do teatro, do Ocidente para a África, alocando nesse continente as primeiras manifestações teatrais, vinculadas aos ritos religiosos, e sua posterior e progressiva transformação rumo à dramaturgia mais complexa, e destacando as manifestações teatrais negras nos Estados Unidos, Cuba e Brasil. Afirma Abdias:

> Ocorre, portanto, que as raízes do teatro negro-brasileiro atravessam o Atlântico e mergulham nas profundidades da cultura africana. Desde suas primeiras manifestações coletivas, o africano esteve essencialmente vinculado ao teatro. As danças culturais da África Negra encontram-se na origem dos ritos, e já sabemos que do culto aos Deuses e aos Antepassados passou-se à reprodução das ações humanas e dos animais, à estilização existencial. [...] As grandes festas religiosas — forma da vitalidade negra —, com sua liturgia consubstanciada à dança, ao canto e à pantomima, são as primeiras e autênticas cenas teatrais africanas.[19]

Nesse viés, o Teatro Experimental do Negro seria um meio, operador instrumental para a criação de uma dramaturgia negra e mesmo para "o desenvolvimento e autoconscientização"

19. Idem. *Dramas para negros e prólogo para brancos: Antologia de teatro negro brasileiro.* Rio de Janeiro: Teatro Experimental do Negro, 1961, p. 10.

do próprio negro. O "Prólogo" torna-se, assim, um texto-arauto, um vetor dos valores éticos e estéticos alçados por Abdias, que ali expõe seus ideários e as conquistas que almeja para o TEN e para a população negra, destacando que, assumindo, "no Brasil, as consequências e as implicações que a negritude contém, ele [o negro] afia os instrumentos da sua recusa, engendrada na espoliação e no sofrimento: recusa da assimilação cultural; recusa da miscigenação compulsória; recusa à humilhação; recusa à miséria; recusa à servidão".[20]

Como observa Guilherme Diniz, com muita propriedade, a antologia traz "pelo menos duas grandes funções interconectadas", a saber:

> Uma panorâmica historicização da arte teatral a partir de uma perspectiva africana e afrodiaspórica, instaurando a agência negra como ponto privilegiado de análise. As reflexões ali presentes propõem uma radical descentralização estética, geográfica e epistêmica ao trazer para o debate as expressões cênicas de sociedades africanas, como a egípcia, das realidades afro-cubana e afro-americanas, além, é óbvio, da conjuntura afro-brasileira. Por último, as dramaturgias são precedidas por um prólogo, cujas reflexões estéticas não encontravam precedentes nos estudos teatrais brasileiros até então. Há na introdução uma inventiva e crítica formulação de uma contranarrativa da história teatral a partir de uma perspectiva negro-diaspórica e africana. Ao lado disso, o prólogo parece almejar uma dimensão pedagógica, provocando especialmente a branquitude (com todas as suas fantasiosas crenças em superioridade) a conhecer outras

20. Ibidem, p. 25.

cartografias teórico-estéticas para além dos marcos ocidentais e/ou europeus.[21]

Importa também observar que, na década de 1950, dois outros projetos significativos emergiram, idealizados por anteriores integrantes do TEN, o Balé Brasiliana, fundado por Haroldo Costa, que, por três anos, apresentou-se com sucesso em vários países europeus e da América Latina, antes mesmo de ser reconhecido no Brasil; e o Teatro Popular Brasileiro (TPB), criado em 1950 por Solano Trindade, que experimentava nos palcos as linguagens cênicas e performáticas de variados acervos culturais tradicionais, principalmente aqueles formatados pelos estilos e matrizes estéticas de origem africana.

Abdias Nascimento sempre se referia ao Teatro Experimental do Negro como um contínuo, mesmo após o encerramento de suas atividades, como se seus ideários e práticas apontassem para um processo contínuo, um devir e um farol. O estímulo à elaboração de uma dramaturgia séria, inscrita na modernidade do teatro brasileiro que então se acentuava, e que valorasse a personagem e os atores negros, sempre fora um dos ideários de Abdias e do TEN. De fato, coube ao Teatro Experimental do Negro essa importante e fulcral proposição da necessidade de uma mudança paradigmática na dramaturgia e na cena brasileiras que retirasse o negro do ostracismo, dando visibilidade ao mesmo no teatro brasileiro, palco privilegiado para a problematização do

---

21. Diniz, Guilherme Augusto. *A literatura dramática do Teatro Experimental do Negro: Entre a crítica e a história.* Dissertação (Mestrado em Estudos Literários) — Faculdade de Letras, Universidade Federal de Minas Gerais, Belo Horizonte, 2022, pp. 119-20.

racismo e para o alçamento de novas possibilidades de figuração da personagem negra, no âmbito de uma linguagem estética disruptiva, mas também propositiva. Torna-se importante, portanto, na leitura reflexiva dessas peças, sublinhar sua relevância na história da dramaturgia e do teatro, no Brasil, atentando-se para o que as motiva: a meta de trazer o negro e a negrura para o proscênio, estética e socialmente, atendendo a uma demanda, a uma necessidade e a uma estratégia de confrontamento dos paradigmas de idealização e de representação do negro então ainda vigentes.

Há também que se observar a importância do TEN na modernização dos palcos no Brasil, incluindo no debate, além da utilização de acervos performáticos e culturais das matrizes africanas e afro-brasileiras, a questão racial como relevante e necessária em qualquer reflexão sobre o Brasil. Como observa Abdias, mesmo os movimentos culturais aparentemente mais abertos e progressistas, como a Semana de Arte Moderna de 1922, sempre evitaram abordar as tensas interrelações raciais entre negros e brancos, e mesmo apontar a marginalização da cultura afro-brasileira. Mas não há como ignorar os pulsos de modernidade, ignorados pela historiografia mais convencional. Como há tempos venho reafirmando, na épica de modernização do teatro brasileiro e nos processos de renovação da cena no Brasil, a relevância do TEN é análoga, por exemplo, aos feitos levados a cabo por Nelson Rodrigues, em 1943, com *Vestido de noiva*, e à encenação por Zé Celso de *Rei da vela*, de Oswald de Andrade, em 1967. Como já salientei anteriormente, o experimental que o designa é também signo de inúmeros ensaios e experimentações com as linguagens criativas, cênicas e dramatúrgicas que criou e estimulou. Um de seus aportes mais fundamentais diz respeito aos insumos relativos à linguagem cênica. Em muitos aspectos, e mesmo nas proposições dramatúrgicas, o TEN representou uma insurgência criativa considerável, uma contundente atualização estética da cena brasileira, incluindo-se no efervescente contexto de modernização e de atualização dos palcos, principalmente quando utiliza, em suas montagens e dramaturgias, além das teorias ocidentais, o acervo de matrizes de pensamento e de performance que advêm ou são oriundas dos diversos, ricos e preciosos repertórios das *gnosis* negro-africanas e afro-brasileiras. E é por meio desses acervos e aparatos que também incide e transforma gêneros, formas, convenções e protocolos:

> a criação de peças dramáticas brasileiras para o artista negro, ultrapassando o primarismo repetitivo do folclore, dos autos e folguedos remanescentes do período escravocrata. Almejávamos uma literatura dramática focalizando as questões mais profundas da vida afro-brasileira. Toda razão tinha o conselho de O'Neill. Uma coisa é aquilo que o branco exprime como sentimentos e dramas do negro; outra coisa é o seu até então oculto coração, isto é, o negro desde dentro. A experiência de ser negro num mundo branco é algo intransferível.[22]

No processo de construção do TEN como movimento, do TEN como processo, do TEN como dínamo, do TEN como rede, Abdias, o artista-tecelão, nos propõe pensar o teatro como uma composição que se articula em linhas entrelaçadas, em cujos mosaicos a negrura, como episteme, se condensa, se expande, enleva,

22. Nascimento, Abdias. "Teatro Experimental do Negro: Trajetória e reflexões". *Estudos Avançados*, São Paulo, v. 18, n. 50, 2004, p. 214.

provoca, pulsa, como um sistema de veias que em tudo se manifesta, irrigando e provocando nosso olhar e nossa reflexão. Assim, na expressão Teatro Experimental do Negro, o experimental se revela e se manifesta nos variados e múltiplos aspectos dessa rede pluridisciplinar, nos remetendo a um laboratório de ações e agenciamentos: na mudança de dicção e de elaboração cênico-conceitual do signo negro, até então inédita nos palcos brasileiros; nas proposições de *mises-en-scène*, na renovação da linguagem, da escritura dramática e da escritura cênica; no ideário de criação dramatúrgica, na refiguração da personagem negra e sua ficcionalização, primando pela releitura e recomposição de sua subjetividade e experiência histórica; nas oficinas de interpretação e dramaturgia; no investimento no intérprete negro, outorgando-lhe o papel de sujeito de sua própria representação; no aporte de novos repertórios performáticos advindos de matrizes teatrais, rituais e cosmopercepções africanas e afro-brasileiras; no uso de temas e narrativas que problematizavam as relações raciais no Brasil; no alçamento dos valores civilizatórios e históricos do sujeito negro e seus aportes na formação brasileira, em inúmeros aspectos, técnicos, filosóficos, conceituais, intelectuais, expressivos, cognitivos; no registro e relevância do negro como força motriz essencial na construção e formação do país; na realização de concursos de artes visuais, intercâmbios internacionais, publicações, congressos, seminários e eventos artísticos variados.

Nesses múltiplos domínios e afecções, o teatro *per si* torna-se, como prática estética e criativa, personagem-mundo, no qual à subjetividade dos sujeitos representados alia-se o cenário social que o constitui, dinamicamente arguido e problematizado. Assim, como um amplo movimento, o TEN estende os sentidos do termo *teatro*, nele reacendendo sua natureza de *télos*, uma meta, uma finalidade, um objetivo, uma prática que, segundo Abdias, colocava-se como um vetor a "favor da história negra, a favor da cultura negra, a favor de todos os valores positivos que a cultura africana trouxe para o Brasil e que continuam até hoje menosprezados, secundarizados, agredidos e folclorizados". O Teatro Experimental do Negro "propunha-se a trabalhar pela valorização social do negro no Brasil através da educação, da cultura e da arte".[23]

O TEN encerra suas atividades com o avanço da ditadura iniciada em 1964. Durante os anos de exceção, iniciativas como essas foram inibidas e mesmo proibidas. Entretanto, nos anos de 1980, com ênfase renovada, fortalece-se o estudo da cultura negra no Brasil, em seus vários âmbitos, dentre eles o teatral. Ao lado de questões e soluções contemporâneas, as experiências anteriores, como as da Companhia Negra de Revistas e, principalmente, as do Teatro Experimental do Negro, revisitadas, tornam-se fontes de pesquisa e inspiração. Essas referências, dentre outras, oferecem ricos repertórios e insumos para a reflexão crítica sobre suas realizações, ideais, desafios, aporias e sobre suas notáveis experiências estético-culturais. São construções de memória. Muitas iniciativas foram criadas nas décadas que sucederam à abolição, que, se aboliu oficialmente a escravidão, não extinguiu seus efeitos, consequências e sistemas de exclusão do negro, as disparidades nas relações de poder, as práticas de discriminação e de violência que, na atualidade, em pleno século XXI, ainda assolam a população negra.

Este breve olhar pelo retrovisor nos permite realçar, no fulgor das cenas negras contemporâneas, em seus complexos e ins-

23. Nascimento, Abdias; Semog, Éle. *Abdias Nascimento: O griot e as muralhas.* Rio de Janeiro: Pallas, 2006, pp. 125-6.

tigantes processos e poéticas de composição, e mesmo em seus desafios, o relevante papel inaugural de experiências expressivas que as precederam. O teatro negro atual fertiliza e expande essas trilhas. E reconfigura todo um viés da tradição teatral brasileira, com linhagens estéticas que se instauram como rasura da *doxa*, coreografias da diferença que realçam os mais polifônicos matizes de nossas alteridades constitutivas, de nossa negrura, apesar do longo contexto de adversidades. Com brilho singular, fulgor, potência, exuberância e muitos saberes. Como constelações.

Em tons de preto

O teatro brasileiro na atualidade é matizado por uma série de proposições e de postulações advindas dos inúmeros coletivos teatrais negros, assim como de dramaturgos(as), atores, atrizes, performers, e de perspectivas crítico-teóricas que têm a negrura como sua ênfase mais expressiva. Vários coletivos são parte expressiva deste vibrante cenário. Apesar de sua diversidade e dos diferentes meios de expressão de que se utilizam, é comum a esses artistas e grupos o realce dos mais diversos aspectos da experiência histórica e da memória do negro no Brasil, como tema de elaboração, assim como a proposição de criações dramatúrgicas e cênicas que evidenciam a busca estilística por distintas formas, processos e procedimentos, arranjados em escrituras cênicas potentes e instigantes que desafiam os *modi operandi* hegemônicos, excludentes e estereotípicos do teatro brasileiro, principalmente nos modos e estruturas de figuração do negro e da negrura.

Aqui se instala o contínuo exercício de uma memória cultural dialógica negra, transcriada como um significante recorrente e pelo qual se reatualizam, em cena, os modos de percepção e fabulação de várias matrizes cognitivas e performáticas afro-brasileiras, sejam elas as advindas dos acervos das mais clássicas performances rituais, sejam as das periferias urbanas, como a estética hip hop e os *slams*, em toda as suas complexas e variadas perspectivas, e na própria interseção das mesmas com outras poéticas da cena; a composição alternativa de perfis da figura negra, cineticamente inquirindo e desconstruindo os paradigmas estereotípicos que ainda prevalecem no imaginário teatral e social; a perquirição sistemática e crítica de linguagens e gramáticas cênicas que englobem o espectador na fruição e na reflexão dos variados temas postulados, em particular dos que abordam as questões raciais, propondo interlocuções que afetem e problematizem a própria perspectiva e percepção do espectador, estimulando reações que dialoguem com as aporias encenadas e com os desafios apresentados.

Os mais diversos conteúdos habitam essas práticas desde a denúncia dos inúmeros modos e meios de disseminação do racismo, tais como a violência policial, os assassinatos, as exclusões e interdições recorrentes, sejam de gênero, classe, sexualidade, religiosidade, mas também o alçamento das muitas realizações da população negra como elemento constitutivo fundamental da cultura e da sociedade brasileiras, em um processo de desvelamento e de revelação que reafirmam sua relevância na história brasileira, em vários âmbitos, áreas e contextos quase sempre adversos. São narrativas de vários perfis que exploram a negrura como moto-contínuo de inserção diferenciada e permanente.

Essa gesta é elaborada por poéticas cênicas inspiradas nas dramaturgias das visualidades, das espacialidades, das luminosidades, das sonoridades, nas dramaturgias que experimentam com as tecnologias, nas dramaturgias rituais, nas dramaturgias das subjetividades. A experimentação com linguagens transdisciplinares e transversais concentra-se, muitas vezes, na exploração, como episteme, da corporeidade, que fecunda a cena, expandindo os escopos do corpo como lugar e ambiente de produção e inscrição de conhecimento, de memória, de afetos e de ações. O corpo, assim, instituído e constituído pela performance, é acervo de um complexo de alusões e um repertório de estímulos e de argumentos e traduziria uma certa geopolítica das corporeidades: o corpo das temporalidades, o corpo pólis, o corpo gentrificado, o corpo trans, o corpo testemunha e repertório, historicamente conotado por meio de uma linguagem pulsante que inscreve o sujeito enunciador-emissário, seus arredores e ambiências, em um determinado circuito de expressão, potência e poder, personalizando as vozes que denunciam e nomeiam os muitos buraquinhos do itinerário de violências de nossa rotina cotidiana, mas que, sem tréguas, escavam vias alternas para uma outra existência, mais plena e cidadã. Um corpo-voz inventário que limpa, restabelece, restitui, reivindica, respira e inspira, em perene processo de cura, escavando vias alternas de outros devires possíveis, sempre desejoso de transformações do *corpus* social.

Essa corporeidade de *inputs* e *outputs* se reveste como um corpo-tela, complexo, poroso, recheado de múltiplos sentidos e disposições, do que deriva o corpo-imagem, uma condensação significante, instrumento performático por excelência, em toda a gama extensiva de sua natureza, como hábito, conduta, léxico, ideograma e hieróglifo, película, grafites e grafismos. Um corpo, síntese poética do movimento. Enfim, toda uma concepção e exploração cinética do corpo, física, expressiva e perceptiva como lugar e ambiente de inscrição de memória e de grafias do conhecimento, dispositivo e condutor, portal e tela de grafias, de uma instigante gramática cênica e de uma engenhosa sintaxe de adereços.

Um corpo político, autofalante, arauto do ainda não dito ou repetido, porque antes interditado, censurado, excluído; arauto do que não se explicitava de modo pleno, do que se mantinha dissimulado, do que não se mencionava, do que não se declarava, do que se evitava; arauto daquilo que não se enunciava, que não se pronunciava, que não se proferia, e que se impusera como o silêncio que apavora. Observa-se nessas proposições, como no teatro em geral, um recuo ou recusa da tradicional noção mimética de representação, em particular das representações fixas, estáveis e emolduradas, em favor dos apelos performáticos, mais abertos à movência das identidades cada vez mais fluidas e relacionais, costuradas por biografemas e autoficções. Às interdições e aos sistemas e estruturas de exclusão, de invisibilidade e de indizibilidade, se interpõe uma outra corporeidade que argui, postula, propõe, expressa, combate, manifesta o seu pesar, mas também seu júbilo, e demanda o direito de livremente criar e existir. Um corpo que não recusa ser um compósito de afetos, ações, reflexões, migrações, risos, um corpo que se quer íntegro, quiçá apontando mesmo para a ruptura com a noção de sujeito da modernidade ocidental, já em ruínas.

O corpo migrante performa o trânsito contínuo e retro alimentador pelas espacialidades urbanas, por ocupações e aquilombamentos, literais ou simbólicos, apropriando-se dos lugares e dos não lugares, reterritorializando-os, tornando-os parte expressiva das cinesias e cartografias que propõem na *urbis* seu ideal de *domos*, dispondo uma outra organicidade e arranjos possíveis das cidades, pensadas pelo olhar dos que as habitam ou que as solicitam. Essa mobilidade constitui-se muitas vezes por cenografias criativas, montadas com materiais pueris, restos reciclados e reinventados em outras sintaxes dispositivas, instalando territorialidades e espacialidades alternativas, assim como uma nova geografia de afetos compartilhados.

Essas poéticas também experimentam os cromatismos mais diversos nas linguagens peliculares do corpo, nas quais se destaca uma gramática de combinações inusitadas, moduladas por descontinuidades e assimetrias de tons e de desenhos, por paletas de cores quentes, vibrantes, luminosidades fulgurantes, estelares, desenhos e grafites, constituintes do corpo-tela, que é também um corpo de vocalidades, sonoridades e polifonias. Nas partituras fônicas e sonoras, timbres, ritmos, pulsos, elementos silábicos mínimos ou falas expandidas, dicções, cortes frasais, solfejos, versos, síncopes, silêncios, o canto falado ou a fala cantada, produzem dicções polivalentes, como gravuras da voz. A palavra, por sua vez, encorpa o corpo, vibra na coreografia dos gestos, fazendo ecoar no corpo substantivamente as rítmicas e formas da oralitura, compondo uma tessitura sinestésica que alia sons, musicalidades, movimentos, gestos, cores, sabores e aromas, em relações de complementariedade e de interdependência, como nos ensinam os pensamentos e as sofias ancestrais negras.

Esses aspectos e fragmentos aqui brevemente apontados não esgotam ou reduzem a multiplicidade e polivalência dessas realizações e ideias, e mesmo de suas aporias, mas nos exibem a existência fecunda dessas práticas, dramatúrgicas e cênicas, na história do teatro brasileiro atual. Esses grupos e movimentos, ao visar romper o viés de negação do negro e de sua história na tradição teatral e social brasileiras; ao recusar o corpo interditado pelas formas disformes excludentes, engendradas pelos ideais universalistas restritivos e pelas tirânicas imagens duais enunciadoras do imaginário racista; ao esculpir a pessoalidade negra, e tudo que a habita, como um continente também passível de experimentar júbilos, prazeres e afecções, espargindo um forte efeito de real, de presença e de pertencimento, integram uma tradição estética afrorreferenciada que se instaura como rasura da *doxa*, como uma coreografia da alteridade, como presença, uma presença encorpada que realça os mais polifônicos matizes da negrura nos palcos e nas ruas.

As cenas pretas vestem-se, assim, de uma destacada função ética, expressando um conjunto de valores emanados das epistemologias, filosofias e percepções de mundo, de nossas africanias, das mais antigas às mais contemporâneas. Em suas afrografias, nos voltejos vocais, nas partituras e espirais do corpo, como fina lâmina de combate ou delicado gesto, tecem uma gesta possante, instigante e libertária, que também solicita a memória afetiva de todos os espectadores e, assim, ressemantizam as rotinas do cotidiano, afetam histórias individuais e coletivas, visando expandir os focos de nossas retinas e os vãos de nossa escuta, revitalizando os palcos e, quiçá, ampliando os fulcros de nossas vivências, inclusive as poéticas.

III. ITINERÂNCIAS E TEATRALIDADES

A arte consiste, então, em produzir artisticamente a mesma impressão, o mesmo desalinho e interinidade/temporalidade, e o mesmo pensamento anacoluto, que são característicos daquele lugar indefeso. A arte consiste em produzir uma alegria que em nenhum caso seja do momento presente, mas que envolva sempre algo essencial do tempo passado, algo que está, portanto, presente no tempo passado.

Søren Kierkegaard

Performance e drama: Pequenos gestos de reflexão

São inúmeras as teorias que tentam dar conta dos desafios que as práticas culturais e artísticas contemporâneas nos oferecem. No âmbito das práticas nas quais se observam índices e pulsos de teatralidade variados e diferenciados, o mesmo fenômeno teórico-conceitual se observa. Lehmann,[1] por exemplo, no seu conceito de pós-dramático, tenta dar conta da diversa cartografia teatral da contemporaneidade, com a seleção bem ampla de um *corpus* teatral que, principalmente, privilegia concepções de encenação ou produções a partir das duas últimas décadas do século XX. Apesar de nos apontar instigantes subsídios teóricos e de elencar vários dos procedimentos que matizam a pluralidade da cena atual, muitos deles singularizados como distintivos do que denomina de pós-dramático, o próprio fato de tentar caracterizar o pós-dramático tendo por referência uma certa ideia da forma dramática como baliza paradigmática, assim como as molduras formais e estilísticas com que fundamenta a inclusão e/ou exclusão de autores e encenadores, dificulta a ambição catalográfica e designativa do autor. Sílvia Fernandes, com muita propriedade, aponta algumas das reduções e mesmo contradições de Lehmann, dentre elas: a

1. Lehmann, Hans-Thies. *Teatro pós-dramático*. São Paulo: Cosac Naify, 2007.

tentativa de dar conta de uma pluralidade fragmentária da cena contemporânea, o reforço de uma espécie de simbiose entre teatro e drama, a omissão das diferentes teatralidades que deram suporte ao drama,[2] dentre elas a radicalidade da teatralidade barroca. Fernandes observa em Lehmann a falta de realce à "situação instável do drama absoluto no final do século XIX", e o não registro das "mudanças paulatinas da forma dramática em relação ao palco que a concretizou".[3] Fernandes destaca também a ênfase do autor na ideia de que seria da natureza do pós-dramático "criar o novo com base em sua própria substância, ganhando identidade a partir de si mesma", afirmativa no mínimo contraditória, visto que o mesmo autor define "a cena contemporânea por oposição ao drama", enfatizando, pois, "a presença dos membros do organismo dramático no teatro pós-dramático, mesmo como estrutura morta",[4] além de excluir de seu paradigma dramaturgos como Brecht e Beckett. Ainda segundo a autora, "a relevância do instrumental de Lehmann não impede que ele desenhe um horizonte impreciso para o pós-dramático".[5]

Um dos grandes problemas da argumentação de Lehmann reside justamente nessa tentativa de catalogação e classificação da diversidade, na elaboração de um edifício teórico que tende a uniformizar o diverso, que, no entanto, resiste às categorizações mais generalizantes. Pode-se observar também que esse horizonte impreciso que aponta Sílvia Fernandes revela que, apesar

---

2. Fernandes, Sílvia. "Teatros pós-dramáticos". In: Guinsburg, Jacob; Fernandes, Sílvia (orgs.). *O pós-dramático*. São Paulo: Perspectiva, 2008, pp. 11-9.

3. Ibidem, p. 14.

4. Ibidem, p. 16.

5. Ibidem, p. 19.

da recusa de Lehmann do termo *pós-moderno*, que traria em si mesmo uma ênfase periodística, o denominado pós-dramático não consegue escapar de uma sintaxe diacrônica, pautada tanto pela temporalidade quanto pelas facetas formais e estilísticas eleitas para sua configuração delimitadora.

Não nos interessa neste breve texto propor nenhuma clave de resolução na fértil seara crítica sobre a cena contemporânea, até por considerarmos que nenhuma teoria pode almejar dar conta da diversidade disjuntiva dos eventos performáticos, dentre eles o teatro. Por outro lado, acreditamos que várias dessas teorias, nesse vasto e difuso cenário, nos oferecem subsídios valiosos para explorar alguns dos aspectos dessas mesmas práticas, dentre eles os estudos e teorias da performance.

Conforme afirma Richard Schechner, o termo *performance* é inclusivo, podendo aludir tanto a hábitos do cotidiano quanto a "jogos teatrais, práticas esportivas, teatro, dança, cerimônias, ritos e performances de grande magnitude".[6] Segundo o autor, a performance se desenha tanto como um leque quanto também pode ser pensada como uma rede de inter-relações, interlocuções, movimentos e ações motivadas e recuperadas. Em *Performance Theory*, Schechner afirma que uma tentativa de definição do termo poderia ser: "comportamento ritualizado condicionado/permeado pelo jogo".[7] Essa conceituação já incluía, potencialmente, o germe da definição clássica posterior de performance como "comportamento duplamente restaurado", que enfatiza a ideia de hábito e de repetição, implicados na modulação anterior. Ao estudar práticas as mais diversas, em domínios sociais, culturais e temporais também

---

6. Schechner, Richard. *Performance Theory*. Nova York; Londres: Routledge, 1988, p. xiii. Tradução minha.

7. Ibidem, p. 95. Tradução minha.

diferenciados, Schechner, sempre enfatizando a natureza de leque e de rede, tanto da prática como das teorias da performance, modula continuamente seu exercício de definição do termo que designa tanto uma prática quanto uma teoria. Para ele, performances

> afirmam identidades, curvam o tempo, remodelam e adornam corpos, contam histórias. Performances artísticas, rituais ou cotidianas, são todas feitas de comportamentos duplamente exercidos, comportamentos restaurados, ações performadas que as pessoas treinam para desempenhar, que têm que repetir e ensaiar.[8]

Para o autor/diretor, toda performance se realiza como ação, interação e relação e, assim, institui-se como um entre-lugar que designa e acentua sua natureza interativa.

> Performances são comportamentos marcados, emoldurados ou acentuados, separados do simples viver — ou comportamentos restaurados [...]. Por que é marcado, emoldurado e separado, o comportamento restaurado pode ser aprimorado, guardado e resgatado, usado por puro divertimento, transmutado em outro, transmitido e transformado.[9]

Diana Taylor[10] reafirma vários dos pressupostos de Schechner, dentre os quais a ideia de performance como comportamento

---

8. Ibidem, p. 28. Tradução minha.

9. Ibidem, pp. 34-5. Tradução minha.

10. Taylor, Diana. "Hacia una definición de performance". *O Percevejo: Revista de Teatro, Crítica e Estética. Estudos da Performance*, Unirio, ano 11, n. 12, 2003, pp. 18-9.

recuperado, a natureza inclusiva do termo, a distinção entre o objeto e a construção epistemológica e disciplinar do campo de conhecimento.[11] Taylor reforça as relações constitutivas entre performance, história e memória como um modo privilegiado de apreensão da história mesma, uma história alterna, inscrita não pela prática letrada escrita e discursiva, mas, sim, pelo performático que, como memória incorporada, se constitui como e por atos de transferência:

> As performances funcionam como atos vitais de transferência, transmitindo conhecimento social, memória e um senso de identidade por meio de ações repetidas [...] A performance, em um nível, constitui o objeto de análise dos Estudos da Performance — incluindo diversas práticas e eventos, como dança, teatro, rituais, protestos políticos, funerais etc., que envolvem comportamentos teatrais predeterminados ou relativos à categoria do evento. Para constituir o objeto de análise, essas práticas são geralmente definidas e separadas por outras que as cercam. [...] Por outro lado, a performance também constitui uma lente metodológica que permite aos acadêmicos analisar eventos como performance. Os comportamentos de sujeição civil, resistência, cidadania, gênero, etnia e orientação sexual, por exemplo, são ensaiados e reproduzidos diariamente na esfera pública. Compreender este fenômeno *como* performance sugere que a performance também funcione como uma epistemologia. Como prática incorporada, juntamente com outros discursos culturais, a performance oferece uma certa forma de conhecimento. A distinção *é/como* (performance) sublinha a compreensão da performance como um fenômeno que é ao mesmo tempo real e

---

11. Ibidem, p. 18.

construído, como uma série de práticas que unem o que foi historicamente separado como uma unidade discreta, como discursos ontológicos e epistemológicos supostamente independentes.[12]

A conotação múltipla nos usos do termo "deixa a descoberto as profundas interconexões de todos os sistemas de inteligibilidade entre si, e as fricções produtivas que se dão entre os mesmos".[13] Uma das mais instigantes aporias que a autora investiga diz respeito, em particular na América Latina, à intraduzibilidade do termo:

> Ironicamente, o próprio conceito foi submetido aos campos disciplinares e geográficos que procura desafiar, e foi-lhe negada a universalidade e a transparência que alguns afirmam que a performance promete aos seus objetos de análise. Estes vários pontos de intraduzibilidade são, claramente, o que torna o termo e as suas práticas um campo teoricamente inclusivo e culturalmente revelador.[14]

Podemos acrescentar que essa mesma porosidade gera processos e procedimentos analíticos, estimula a criação de instrumentais que visam pensar tanto as práticas teatrais quanto, por exemplo, os rituais e mesmo certas formas do texto dramático. Com as lentes epistemológicas dos estudos da performance, as reflexões sobre o teatro podem se revestir de férteis possibilidades

12. Taylor, Diana. *The Archive and the Repertoire, Performing Cultural Memory in the Americas*. Londres: Duke University Press, 2003. [s.p.]. Tradução minha, grifos da autora.

13. Idem. "Hacia una definición de performance", op. cit., p. 20. Tradução minha.

14. Ibidem, pp. 20-1. Tradução minha.

como objeto da perquirição teórica, dentre elas, destacaríamos as relações entre o texto dramático e o texto performático. Vale lembrar que a própria fixação escrita, textual e literária do texto dramático, em algumas épocas, como a elisabetana, foi precedida pela sua disseminação oral, pela memorização e repetição do texto performático, cuja divulgação pela letra escritural foi muito posterior ao espetáculo. Do mesmo modo, como nos alerta Luiz Fernando Ramos, revisões atuais da *Poética* de Aristóteles nos descortinam a possibilidade de pensar que suas noções sobre a tragédia grega advêm também de uma leitura poética do espetáculo cênico:

> Numa perspectiva mais radical, a poeticidade do espetáculo nunca esteve ausente da reflexão sobre o teatro, desde suas formas primitivas às mais acabadas, e mesmo na *Poética* de Aristóteles ela já está apontada. [...] estudiosos vêm recentemente reconsiderando o consenso sobre o caráter de estudo literário da *Poética*. É o caso de Gregory Scott, que não só afirma o oposto, ou seja, que a *Poética* é um tratado sobre o espetáculo da tragédia grega, como chega a comparar aquela teatralidade, na busca do exemplo mais próximo daquele fenômeno espetacular, aos musicais da Broadway.[15]

De modo a discriminar as redes de relações que se estabelecem no âmbito da performance e as interlocuções aí produzidas, Richard Schechner[16] propõe algumas distinções entre o drama, o

15. Ramos, Luiz Fernando. "Pós-dramático ou poética da cena?". In: Guinsburg, Jacob; Fernandes, Sílvia (orgs.). *O pós-dramático*. São Paulo: Perspectiva, 2008, p. 65.

16. Schechner, Richard, op. cit., p. 71.

script (roteiro), o teatro e a performance, diferenças estas que não são determinantes de fronteiras rigidamente demarcadas, mas de qualidades ou de ênfases em sua natureza. A relação entre esses termos é explicitada pelo autor por meio de uma cartografia, na qual se realça que as relações e distinções que aí se estabelecem não são de exclusão, mas de ênfases diversificadas, de tônus e pulsos. Nas legendas que acompanham o desenho, Schechner afirma que o drama seria "o texto escrito, o cenário, a instrução, o plano ou mapa";[17] o *script*, o "código básico dos eventos"; o teatro, "o evento efetivado por um específico grupo de performers, o que os performers realmente realizam na montagem"; e a performance, "a completa constelação de elementos que se produzem no e entre performers e audiência, desde que o primeiro espectador adentra o campo da performance [...] até o momento em que o último espectador se retira".[18] Em síntese:

> o drama é o que o dramaturgo escreve; o *script*, o mapa interior de qualquer produção; o teatro, o específico arranjo de gestos performados pelos performers em qualquer performance; e a performance, o evento completo, incluindo a audiência e os performers (os técnicos e todos que dela participam).[19]

No desenho circular que engloba os termos, o drama é emoldurado pelo *script*, que, por sua vez, está circundado pelo teatro que a ambos também circunscreve, sendo todos emoldurados e atravessados pela performance. Essas práticas não são estáticas.

17. Ibidem, p. 72. Tradução minha.
18. Ibidem. Tradução minha.
19. Ibidem, p. 85. Tradução minha.

O drama, o *script*, o teatro e a performance detêm uma qualidade cinética que propicia o movimento e a transformação dos mesmos. Esta qualidade, a da transformação, pode ser motivada por diferentes meios e modos de transmissão. O drama escrito, por exemplo, é transmitido diferentemente, quer pela performance do mesmo, quer pelo "boca a boca", muito comum, por exemplo, na era de Shakespeare, como antes aludimos.

Na tentativa de delinear a qualidade ou natureza do performático, Schechner[20] elege dentre seus pressupostos a relação diferenciada e interativa com o receptor, mutuamente constituinte da performance. Podemos acrescentar que esta relação é potencializada e propiciada pela reconfiguração mesma de uma espacialidade física e simbólica do lugar-teatro. A cena performática contemporânea privilegiaria não apenas um desenho da espacialidade cenográfica não realista, mas o local de sua realização também se apropria de outros *loci*, entre eles a própria rua. Esse uso e ressignificação, tanto do espaço físico concreto quanto de sua reconfiguração simbólica, desenham também uma modificação ou transformação necessária do receptor, visto que sua função e papel também se metamorfoseiam, não apenas por passar de elemento passivo a ativo (principalmente na derrisão da imaginária quarta parede do drama realista), mas principalmente por poder também ocupar o lugar do performer, como se o fosse, já que este, ao abdicar de uma interpretação mimética naturalista e psicológica, de certo modo dilui, ou no mínimo rasura, as delimitadas fronteiras entre o ator e o espectador, intercambiando essas funções. A espacialidade passa a ter uma densidade performática mais ostensiva e significativa.

20. Ibidem, p. 71.

No âmbito da performance, a paisagem temporal também se expande para o antes e o depois do evento, nela incluindo todos que a integram. Das reflexões de Schechner, assim como dos estudos inspirados em Paul Zumthor,[21] podemos deduzir que não é a presença ou a ausência do texto ou da forma dramática *per se* que inibe ou pulsiona a espessura performática do evento. Tanto é assim que a reciclagem de textos dramáticos ou em prosa clássicos por encenadores e grupos contemporâneos, como Bob Wilson, Zé Celso, o grupo Vertigem, Denise Stoklos, Yara de Novaes, o grupo peruano Yuyachkani, o Multimédia e o Galpão, para só citar alguns, primam, em suas concepções, por uma virtuosidade performática ímpar. O texto, seja a épica de Homero, a prosa de Euclides, seja o drama de Shakespeare ou de Sófocles, ainda que desvestido de uma forma e composição dramáticas e de concepções miméticas tradicionais, nos é restituído e revestido de inúmeras outras ênfases por suas qualidades performáticas, encenando outras roupagens para os idiomas dramáticos, menos argumentativos e orgânicos, com maior incidências de entropias, às vezes minimalistas, paratáticos, indeterminados, com formas de composição inacabadas, fragmentadas, pouco lineares e progressivas, sem ambição de totalidade. Em algumas dessas produções, se a forma dramática tradicional perde sua precedência como modelo constitutivo, âncora conceitual, referência estrutural e de composição, certa qualidade dramática, como potência do vivido, nem por isso desaparece, pois, como vestígio, rastros, resíduos e restos, o dramático se manifesta

---

21. Ver Zumthor, Paul. *Introdução à poesia oral*. Trad. Jerusa Pires Ferreira, Maria Lucia D. Pochat e Maria Inês de Almeida.São Paulo: Hucitec, 1997.

ainda em desenhos e tessituras sonoras, visuais, coreográficas, movimentos, gestos e nos conflitos e tensões que fabula. As intensidades, os rizomas ou granulas do dramático se mascaram por outros modos e meios nas redes plurais do performático.

Nenhum modelo formal se mantém estável ao longo do tempo e suas inconsistências e transitividade, por mínimas que sejam, bloqueiam, em algum momento, sua posição central de paradigma. Como sustenta Heuvel:

> Por meio de vários discursos e teorias, fomos advertidos de que a performance pode ser lúdica, liminar, libertadora; que ela pode se infiltrar pelo texto, despojá-lo e deslocar seu poder juntamente com o de seu autor seminal. Além disso, fomos informados de que a performance, em um de seus muitos paradoxos, pode desconstruir totalmente a Presença, e empoderar a Ausência e a impotência. Uma vez que ela é ativada por atividades, improvisações, jogos, transformações, parataxes e estruturas não periódicas e não lineares, a performance quebra com a ilusão de um controle racional e do poder acima do significado (e da metáfora estrutural do argumento subjacente ao texto), e substitui e dispersa a ordem em desorganização. Seu gesto primário é, assim, direcionado ao caos e à indeterminação.[22]

Os estudos da performance como um instrumental teórico e metodológico nos possibilitam, pois, evitar as clausuras de classificações fechadas, observando as nuances e matizes

22. Heuvel, Michael Vanden. *Performing Drama/Dramatizing Performance, Alternative Theater and the Dramatic Text*. Michigan: The University of Michigan Press, 1993, p. 5. Tradução minha.

dos eventos, dentre eles os da prática teatral contemporânea, expandindo nosso olhar sobre os complexos e multifacetados sistemas de referência que toda performance contém. Como bem observa Heuvel:

> Isso não deve sugerir que a performance não produz, por natureza, nenhuma estrutura ou nenhum tipo de sistema de referência, mas, ao invés disso, como na teoria do caos, que sua estrutura compreende uma aleatoriedade moderada tão complexa que não pode ser recuperada por completo dentro de sistemas racionais. Em vez de construir a si mesma, como o texto, na forma de um argumento, a performance é construída em termos de redes que podem parecer desordenadas, mas que contêm formas únicas de ordem interna.[23]

No âmbito desse repertório teórico, torna-se possível observar as mutações da forma dramática em vários dramaturgos e encenadores. Em autores como Beckett, por exemplo, a forma dramática mutante é reveladora de muitas aporias do contemporâneo, forma esta desconstrutora e deslocadora do drama ortodoxo. Essa mutação reinveste o dramático de inovadoras possibilidades, desenclausurando as formas e os sentidos dos modelos mais conservadores. Não há, pois, como desconsiderar o pertencimento de Beckett na reconfiguração da cena contemporânea. Em sua prática textual, peças, cinema, ensaios, os horizontes da performance modulam não apenas suas ideias sobre o teatro, mas também seu acervo de peças, nas quais desloca os paradigmas, sem abdicar da palavra, do texto, este sim reinventado, renovador dos idiomas dramáticos. Como afirma Heuvel:

---

23. Ibidem, p. 5. Tradução minha.

Pois, se nos lembrarmos dos experimentos mais essenciais com a performance, isto é, com a performance como um mecanismo de deslocamento do poder do texto dramático, nos últimos trinta anos, descobriremos que a maioria ou antecipa ou acompanha a inovação de Beckett. Por sua vez, Beckett, baseando-se em iniciativas experimentais de Pirandello e Brecht, está entre os primeiros dramaturgos a produzir um desvirtuamento do texto dramático ortodoxo e, por extensão, da posição do autor dentro da hierarquia teatral. Isso, por sua vez, leva às experiências bem conhecidas de Beckett com as novas funções da *mise-en-scène*, com a linguagem dramática, com o uso (ou abuso) do ator, todas preocupações também do teatro experimental. Esses elementos teatrais, firmemente restringidos e formalmente integrados ao drama literário convencional, são muitas vezes radicalmente desassociados ou fragmentados por Beckett, a fim de desconstruir as estruturas tradicionalmente fechadas do significado e liberá-lo, juntamente com a interpretação, nas "formas inacabadas" do jogo.[24]

As interlocuções entre o texto e a performance que Beckett realiza, e que se intensificam radicalmente em suas últimas peças, arruínam as estruturas fechadas, torcem as convenções do drama, liberam a linguagem, potencializam o gesto, o olhar e a escuta como possibilidades de construção dramatúrgica, realçando na escrita dramatúrgica sua natureza performática por excelência. O texto performático recobre o texto dramático, qualificando-o. A ideia de performance aí, como bem a define Blau, traduz-se por ser "múltipla, sincrônica, e policênica",[25] viés

24. Ibidem, p. 71.

25. Blau, Herbert. "The Eye of Play: Subversion of the Postmodern". In: Blau, Herbert. *Theories of Contemporary Culture*. Bloomington: Indiana University Press, 1987, v. 9, p. xviii.

este privilegiado, por exemplo, na concepção da montagem de *Endgame*, dirigida por Bob Wilson.

As didascálias, por exemplo, no texto de Beckett, cumprem uma função performática, e não um poder limitador e controlador da encenação, pois indica antes e primordialmente um elemento de ruptura muito relevante na dramaturgia de Beckett, a disjunção entre significante e significado. Assim, no final de *Esperando Godot*, essa disjunção traduz a tessitura performática do texto. A indicação convencional de movimento expressa pela potência do modo e do tempo verbais ("Vamos lá") é imediatamente destituída de ação complementar, mimética e analógica pela didascália ("Não se mexem"). A possível ação cinética de avanço do movimento postulado pela enunciação não produz um significado ou um interpretante esperado, quebrando as expectativas de construção linear de sentido entre significante e significado. Da didascália é que emerge o gesto performático, alternativo, inibidor do sentido, cinético em sua potência mesma de provocador da inércia de "Estragon" e "Vladimir"; gesto que recompõe o presente em uma temporalidade condensada, oblíqua, indicadora da consciência da angústia, motivada não pela espera em si, mas pela impossibilidade de transformação do instante que se perpetua sem antes e sem depois de si mesmo na absoluta primazia de um desesperador agora.

Essa relevância da didascália nos possibilita evocar a dramaturgia de Nelson Rodrigues, pois nela podemos pinçar seus gestos performáticos. Em *Vestido de noiva*, por exemplo, o desenho espacial revela uma forte intensidade performática. A cartografia dessa espacialidade, inovadora para a época, sugere muito mais que uma divisão do cenário em *loci* diferenciados para abrigar os planos da realidade, da alucinação e da memória, apontando, performaticamente, para um uso da espacialidade como elemento de elaboração da condensação policênica do espaço-palco e das temporalidades ali constituídas, diluindo molduras de linearidade, progressividade e organicidade comuns na forma dramática ortodoxa. Assim, o desenho de luz (e seu suporte, o recurso da eletricidade), como linguagem dramatúrgica, já está inscrito e escrito no texto de Nelson Rodrigues, sendo um de seus índices performáticos mais potentes.[26]

Em síntese, os estudos da performance nos oferecem, como leque e lente epistemológicos, procedimentos e estratégias dinâmicos e múltiplas possibilidades de abordar as práticas incorporadas, a diversidade dos eventos de teatro, dança, assim como os ritos, as celebrações e, mesmo, o texto dramático, do mais convencional ao mais experimental, sem ilusórias hierarquias de valores e de classificação. Afinal, toda classificação deve ser pensada como transitória e incompleta, pois não resiste ao movimento de transformação das formas que se transvestem em si mesmas e em outras, também podendo transformar o meio que as produz. Toda forma, mesmo a forma textual dramática mais ortodoxa, não se constitui como sistema totalmente fechado. Sua própria transmissão, seja escrita ou oral, as redes de interlocução que sua performance estabelece, a recriação que sua própria leitura e recepção produzem, instituem índices de metamorfoses mais tênues ou mais ostensivos, o que é natural, pois mesmo o dramático, como estrutura de composição, qualidade, matiz, estilo, linguagem e, sobretudo, performance, não

26. Fernandes, Telma. *Vestido de noiva, um texto escrito no espaço*. Dissertação (Mestrado em Estudos Literários) — Faculdade de Letras, Universidade Federal de Minas Gerais, Belo Horizonte, 2005.

tem uma natureza sólida. Pelo contrário, sua porosidade é sua própria rasura. Como a própria ideia de performance, que, seja como prática ou como episteme, é, por excelência, relacional, interativa e inconclusiva.

A fatalidade do desejo: *Senhora dos afogados*, de Nelson Rodrigues

Em Nelson Rodrigues, a matéria dramática é extraída dos afetos e, principalmente, dos sentimentos que os manifestam. Ácidos, tenebrosos, excessivos, os sentimentos se coisificam nas personagens, contorcidos numa arquitetura cênica que, frequentemente, abole a atitude mimética especular, para se mostrar como ato interpretativo: em Nelson, o teatro é uma metonímia da *polis*, lugar no qual a natureza humana se vê representada e se representa, desnudando, dramaticamente, aos próprios olhos, as múltiplas facetas de sua ilusória integridade e de seu tênue equilíbrio. O teatro, assim concebido, torna-se, em Nelson, ato do inconsciente. Esse teatro dos afetos é movido por uma mola avassaladora, a fatalidade das pulsões mais íntimas recobrem as ações dos sujeitos ali encenados:

> A maioria dos protagonistas de Nelson suporta uma carga de aniquilamento que os aproxima do herói expressionista. Na tragédia grega, pesa sobre o indivíduo uma fatalidade que o faz passar de um estado bom inicial a um estado mau final. Abate-se sobre ele o destino, brincando ironicamente com as ilusões da aventura terrestre. [...] O herói expressionista tem com o trágico o parentesco da fatalidade, que o abate irremediavelmente. Apenas, a fatalidade vem do íntimo, força avassaladora que o arrasta para o abismo (é

> bem essa a realidade, não recurso de expressão). O homem carrega dentro de si demônios que, se liberados, o perdem para sempre. A vida arrasta-se em equilíbrio instável, até que, acionada a fera que habita nele, domina-o a vertigem do aniquilamento.[27]

No entanto, essa noção de fatalidade que se adere às tramas rodrigueanas mantém, como *leitmotiv,* uma relação dissonante com o papel da *moira* na tragédia grega clássica. A noção grega do trágico ressoa em Nelson por um uso muito particular de elementos cênicos e dramáticos da matriz ática, por ele reinterpretada em alusões periféricas. Assim, se o drama grego buscava nos mitos arcaicos, conhecidos e reconhecíveis, o conteúdo exemplar da convenção formal trágica, Nelson faz ressoar nos conflitos das subjetividades e das relações afetivas, na contemporaneidade, ecos de uma substância atemporal e material própria do humano.

Transcriados por elementos da linguagem cênica (coros, máscaras, artifícios verbais etc.), pela composição de motivações e elaboração de intrigas, pelo predomínio da teatralidade e pelo vigor da palavra em diálogo, esses ecos do trágico, como cosmovisão e forma, são recursos que Nelson insistentemente reativa, num esforço não de reduplicação especular da forma, mas, sim, de realce da cena fingida do palco como lugar de uma pulsão do drama das subjetivações. Do trágico, Nelson busca a ideia de um sentido para o humano, sentido este que, tanto na tragédia grega quanto no drama contemporâneo, é a matéria que traduziria, para o dramaturgo, a natureza ainda primária e arcaica da subjetividade.

---

27. Magaldi, Sábato. *Nelson Rodrigues: Dramaturgia e encenações.* São Paulo: Perspectiva; Edusp, 1987, pp. 30-1.

Como afirma Ângela Leite Lopes, Nelson "captará os clichês trágicos na construção de suas tragédias [...]. As noções de destino, fatalidade, maldição, vingança. Elementos como o coro. Um certo clima, um certo ambiente. Ele retomará também certos temas: o incesto, o infanticídio".[28] O que se observa, contudo, é uma contínua desfiguração e reinterpretação desses espectros, como podemos perceber em *Senhora dos afogados*, peça escrita em 1947.

Nessa peça, incluída por Magaldi no rol das obras míticas, a matéria do drama se constitui no âmago das relações familiares, nas quais os sentimentos malditos são o núcleo de todas as ações e conflitos. Em *Senhora dos afogados*, a casa dos Drummond, a família-matriz, é um cenário em ruínas. Margeada pelo mar, a casa é habitada pela atmosfera das mortes que, tanto no passado quanto no presente, arruínam as personagens. Imersa nesses ecos, a família Drummond soçobra. Em sua imanência de signo-coisa, mar e casa compõem um único ambiente plástico, como extensões metonímicas um do outro. Nessa superfície plana, epidérmica, flutuam, insepultos, os mortos fantasmáticos que assombram as placentárias relações familiares dos vivos.

Em torno do pai, Misael, assenta-se o núcleo familiar. Um cadáver do passado institui, na fabulação, o enigma que move uma das faces do enredo. Há dezenove anos, a amante de Misael fora morta, no dia mesmo em que o juiz celebrava suas bodas com Eduarda. A esse crime do passado vêm somar-se as mortes repentinas e inusitadas, no presente, de duas filhas do casal: Dora e Clara. A peça se abre com o velório de Clara, cujo corpo (como o de Dora) perdeu-se no mar:

---

28. Lopes, Ângela Leite. *Nelson Rodrigues: Trágico, então moderno*. Rio de Janeiro: Editora UFRJ; Tempo Brasileiro, 1993, p. 94.

Superposição de dois ambientes: casa dos Drummond e café de cais. Na casa dos Drummond, mãe (D. Eduarda) e filha (Moema). D. Eduarda ainda formosa, apesar de alguns cabelos grisalhos, casta e severa no seu luto fechado. Moema também de luto — e sem pintura como D. Eduarda. Ambas de uma palidez quase sobrenatural. Mãe e filha estão em pé, rígidas, hieráticas. Nenhuma semelhança especial entre as duas. Mas os seus movimentos de mãos coincidem muito; e isso as exaspera. Esta coincidência será umas das constantes da peça. A avó (D. Marianinha) anda de um lado para outro, numa excitação de doente. É a doida da família. Nas paredes, retratos a óleo dos antepassados. Em cena, também, os vizinhos. São figuras espectrais. Um farol remoto cria, na família, a obsessão da sombra e da luz. Há também um personagem invisível: o mar próximo e profético, que parece estar sempre chamando os Drummond, sobretudo as suas mulheres. Moema tem um rosto taciturno, inescrutável, de máscara.[29]

O cadáver do passado, que irrompe no presente, constitui, no âmbito da fábula, o enigma primeiro, em torno do pai, Misael, suspeito do assassinato da amante. Essa trama, por sua vez, recobre um outro veio de suspense, que lhe é subliminar: a misteriosa morte das filhas, sob a qual se esconde um conflito mais denso e paradigmático — o de Moema. Na ação condensada em um único dia, Nelson enreda dois enigmas, de tramas e motivações diferenciadas, cruzando-os na resolução final que prenuncia a catástrofe familiar.

Ainda uma vez, o dramaturgo utiliza o vigoroso recurso da concentração. Excetuado o segundo quadro do terceiro ato, que funciona

29. Rodrigues, Nelson. *Teatro completo*. Organização e introdução de Sábato Magaldi. Rio de Janeiro: Nova Fronteira, 1981, 2 v., p. 259.

como epílogo, tudo acontece na tragédia num só dia: o anúncio da morte de Clarinha marca o início sombrio da ação. Era o 19º aniversário do casamento de D. Eduarda e Misael, celebrado no mesmo dia em que mataram a prostituta (e que se saberá ter sido assassinada por Misael). Nesse mesmo dia, oferecem um banquete a Misael, em desagravo pela suspeita de que seria ele o criminoso, quando, na verdade, ele foi. Ainda nesse mesmo dia, sem que se insinue um mínimo de inverosimilhança, D. Eduarda foge com o noivo da filha Moema, e o filho Paulo mata o sedutor. Em continuação, Misael amputa as mãos da mulher, que morre. O quadro final da peça começa quando saiu o enterro de D. Eduarda e novas mortes completam as anteriores. Por uma réplica de Misael, sabe-se que é o dia seguinte, e nele morrem sua mãe louca, a quem Moema esqueceu de dar comida; Paulo que, por não poder viver mais, foge no caminho do mar, com a mesma sugestão de suicídio que vitimou Orin, em *Electra Enlutada*; e finalmente o próprio Misael, que tomba talvez por exaustão, por ataque cardíaco ou ímpeto de autodestruir-se. Resta Moema sozinha no palco, num diálogo silencioso de ódio com as próprias mãos, evocando o desfecho de O'Neil, em que Lavínia se encerra solitária em casa.[30]

O eixo primeiro institui a falha paterna, o crime de Misael, e uma lógica temporal e causal transparente: os atos do passado transtornam e arruínam o presente com efeitos de aniquilamento progressivos. O segredo da autoria desse crime é um saber público corrente, velado e desvelado pelas falas do coro de vizinhos e, finalmente, exposto pelo noivo que, por sua vez, revela-se filho de Misael com a prostituta assassinada:

---

30. Magaldi, Sabato in: Rodrigues, Nelson, op. cit., pp. 41-2.

VIZINHO: Porque o Sr. Ministro precisava ser desagravado dessa calúnia — pois é uma calúnia — que, inclusive, deve ter chegado ao conhecimento de VV. SS....

D. EDUARDA: Não!

VIZINHO: ...calúnia que é assacada impiedosamente contra o marido de V. Excia. [...]

VIZINHO: [*num adendo*] ...por inimigos anônimos

VIZINHO: Inimigos anônimos, diz muito bem. Inimigos que não trepidam em apontar o Dr. Misael como o matador — imaginem — de uma moça de má fama...[31]

[...]

MISAEL: [*acobardado*] Meu filho morreu.

NOIVO: [*enfurecido*] Não. Minha mãe te disse que o filho morrera, porque eu não podia ser um Drummond... Pareço morto? Minha mãe escreveu uma carta na véspera de morrer — escreveu que tu querias matá-la... Confessa agora para mim e para tua mulher...

MISAEL: Não!

NOIVO: ...confessa — mataste? [...]

MISAEL: [*ofegante*] Matei.[32]

O segundo enigma, centrado em Moema, cruza-se com a trama policialesca do primeiro eixo, mas a atravessa e ultrapassa, configurando a ação, o conflito e a temporalidade no universo de uma outra lógica, a do inconsciente, não aprisionável na

31. Rodrigues, Nelson. *Teatro completo*, p. 265, Ato 1.

32. Ibidem, pp. 297-8, Ato 2.

cronologia da história de Misael. Por amor ao pai, Moema matara as irmãs, para entronar-se única, nos afetos paternos:

> MOEMA: Afoguei minhas irmãs, como se ferisse no meu próprio ser... Afoguei as filhas que preferias e acariciavas, enquanto eu sofria na minha solidão...
>
> MISAEL: [*desesperado*] Elas não te fizeram nenhum mal. E por que as odiaste?
>
> MOEMA: [*no seu ódio*] Tiraram todo o amor que eu teria de ti. Receberam as carícias que eu não tive... Elas descalçavam e acariciavam os teus pés... E eu, não! Era preciso que deixassem este mundo [...].
>
> MOEMA: Procura em toda a casa, nos espelhos também... Tuas filhas não estarão em lugar nenhum... Nem vivas, nem mortas... Não existem nem os retratos, que eu destruí; nem as roupas... Queimei a memória delas... Sabes ainda como eram? Te lembra dos olhos, dos cabelos?
>
> MISAEL: Talvez...
>
> MOEMA: Sabes pouco... Saberás cada vez menos... Até que um dia nada restará delas na tua memória... Só existirei eu, minha imagem diante de ti... [*apaixonadamente*] Somos assassinos, pai, tu e eu![33]

Na arquitetura dramática, a constatação do crime do pai apenas reifica a verdade recorrente, indiscretamente velada, mas reconhecível nas cenas que a tornam, paradoxalmente, visível. Já os crimes de Moema e as mortes que a personagem induz tornam-se transparentes às suas motivações manifestas e introduzem uma revelação que à própria personagem se oculta, a da fatalidade do

33. Ibidem, pp. 304-5, Ato 2.

desejo. À medida que força as ações que desencadeiam a morte da mãe, dos irmãos, da avó e do próprio pai, Moema faz desabar sobre si mesma a sua própria catástrofe e a fatalidade singular que a elide dos outros membros da família, numa reviravolta inesperada do drama. Moema pensa que sabe, mas em verdade ignora-se, pois desconhece na própria demanda de amor a natureza abissal e paralisante dos desejos que, à sua revelia, nela agem. Essa diferença fundamental na natureza dos enganos, equívocos e falhas das personagens, estruturante da tragicidade do desfecho, encontra equivalência na sina diversa de Misael e de Moema. E é na construção desse destino que Nelson reconfigura, no âmbito da tragédia, a falha trágica e a fatalidade daí decorrente.

O crime do pai constitui uma falha de caráter que demanda uma resolução ética, na vingança tramada pelo filho ignorado. Um erro de caráter, pessoal e intransferível, cometido no passado, esparge-se pelo presente, ao encontro do erro de Moema, precipitando sobre todos os seus efeitos funestos. Nesse sentido, Nelson produz uma "espécie de reviravolta das expectativas, uma desconstrução do clichê — o que parecia ser obra do destino não passava do fruto de uma paixão [...]. Mas, a paixão se liga, frequentemente, à fatalidade".[34] Os crimes de Moema, por outro lado, vazam o tecido ético e criam uma reviravolta mais contundente e significativa, de um apelo dramático mais perturbador, pois a falta se institui num lugar alheio ao poder de vontade do sujeito, como uma força que o pulsiona para um mais além da razão. A falha de Moema funda-se no âmbito do desejo que a submete à inconsciência determinante de sua tragicidade e de sua falta de liberdade, regendo, à revelia de seu poder de vontade, as suas ações. Enquanto Misael

---

34. Lopes, Ângela Leite, op. cit., p. 95.

desfruta de liberdade suficiente para agir e refletir sobre seu comportamento, Moema, na peça, é a que deveras sofre *di hamartia*, a falha trágica, deslocada por Nelson do âmago externo da intervenção divina para a cena íntima e interior da decisão puramente humana. Assim, enquanto o erro do pai é contingente e nos remete a um ato de vontade pessoal, a falha de Moema é estruturante e fatal. Por isso sua angústia, como a de Antígona, é tão devastadora. Sobrevivente, Moema sofre a queda de Misael, e esta é a ruína de sua trágica relação com o pai. A lógica que define os atos do pai é temporal, consciente, social, tópica e particular; a de Moema, atemporal, inconsciente, subjetiva, paradigmática e universal.

Reconhecendo-se como assassino, e conhecendo os crimes da filha, Misael pode, ainda, escolher sua participação nos atos que se seguem, refletindo, *a posteriori*, sobre a trama em que se enredara:

> MISAEL: De tudo... Culpada de tudo... Eu não teria feito o que fiz... Teria perdoado tua mãe... Os velhos perdoam... Tu me disseste para castigá-la aqui. [*indica as próprias mãos*] Eu te obedeci, Moema, fiz o que mandaste, e sem ódio, com um ódio que não era meu, era teu... [...] Eu teria perdoado, juro, Deus é testemunha.[35]

Aniquilado pelo infortúnio, Misael morre. Sua morte distende e alivia seu sofrimento. A sobrevida de Moema e a constatação de sua solidão perpetuam o seu castigo. Todas as mortes que precipitara só fazem interditar a realização do desejo de estar com o pai, já que este, abatido pelos próprios erros, sucumbe, deixando vazio o *lekhos* desejado. A queda abissal, por fim, não é a

35. Rodrigues, Nelson, op. cit., p. 329, Ato 3.

do pai, redimido na morte, mas a da filha, Moema, desamparada da possibilidade de ser com o outro, ali onde o outro já não está:

> MOEMA: Expulsei-a do espelho... Foi-se embora... Não voltará nunca mais... [*no seu deslumbramento olha para o alto e não sente que o pai morreu, não vê que o que está no seu regaço é a cabeça de um pai morto*] [*curva-se para beijar o rosto de Misael e só então observa que ele morreu*]
>
> MOEMA: [*aterrada*] Pai... [*duvida de si mesma*] Não... não... [*começa a aceitar a verdade*] Não me deixes só... Não quero ficar só... [*traz a cabeça de Misael para perto do rosto. Interpela o rosto e os olhos fixos de Misael*] Morto... Não quero que te feches em tua morte... [*pousa a cabeça de Misael no chão, e, sempre com medo, vira-se rápida e corre para o espelho. Mas este não reflete a sua imagem, nem a de ninguém*][36]

Sobram, a Moema, o silêncio de uma imagem despida de todos os índices de identificação e a consciência repentina de sua própria outridade, constituída por uma falta significante, trágico destino desta Electra, tão moderna quanto antiga. Nesse movimento desfigurante da *hamartia* grega, Nelson faz coincidirem em Moema as categorias da dor e do sofrimento, que, para Kierkegaard, diferenciam a tragédia clássica do drama moderno. Para o filósofo, na tragédia antiga, a dor é mais profunda e menor o sofrimento, enquanto na tragédia moderna, o sofrimento é mais agudo e menos intensa a dor.[37] Segundo Steiner, essa diferenciação é dependente, em Kierkegaard, do conceito e da manifestação da culpa trágica:

36. Ibidem, p. 331, Ato 3.

37. Ver Kierkegaard, Søren. *Estudios esteticos II, de la tragedia y otros ensayos.* Madri: Ediciones Guadarrama, 1969.

> A dor grega é "tão doce e tão funda" porque lhe falta a consciência de si, a compreensão reflexiva da culpa. É uma dor que se derrama sobre o padecer do herói predestinado e em erro. Se há ambigüidade neste padecimento, se há opacidade [...] estas são de ordem estética. Na tragédia moderna, pelo contrário, a concepção da culpa é declarada e pessoal. Prevalece uma transparência implacável [...]. Não é a dor, mas o sofrimento o que domina a nossa resposta.[38]

Para Kierkegaard, a mistura dialética da culpa e da inocência, da aparência e da opacidade, da dor e do sofrimento, cria um modo peculiar de compreensão da ambivalência trágica: "A verdadeira dor trágica exige consequentemente um elemento de culpa, o verdadeiro sofrimento trágico um elemento de inocência; a verdadeira dor trágica exige um elemento de transparência, o verdadeiro sofrimento trágico um elemento de obscuridade."[39]

Uma combinatória similar realiza-se em *Senhora dos afogados*, traduzida em Moema pela incidência de uma falha trágica que se constitui nos entremeios de luzes e sombras, inocência e culpa, reflexão e ignorância, vontade e desejo. Essa oscilação entre zonas de transparência e de opacidade insiste também no âmbito da linguagem. Não existe comunicação possível entre Moema e as outras personagens dramatizadas no texto, à medida que as realidades evocadas pelas falas nos remetem a níveis de significância não conciliáveis. Enquanto o discurso paterno, as falas do noivo e de Paulo adquirem uma transparência imediata, reificando um saber público, também manifesto na aparição fantasmática da amante morta; a linguagem de Moema, da avó

---

38. Steiner, George. *Antígonas*. Lisboa: Antropos, 1995, p. 77.
39. Kierkegaard apud ibidem, p. 78.

e de algumas intervenções dos coros produzem zonas obscuras de significância, forçando a ambivalência do dito que se insere no código enigmático e poético do vaticínio:

VIZINHOS: [*em conjunto*] Primeiro Dora, depois Clarinha!

VIZINHO: [*solista, para um e outro*] Já duas afogadas na família!

AVÓ: Depois das mulheres, será a vez dos homens...

VIZINHO: [*solista*] Acredito!

AVÓ: E depois de não existir mais a família — a casa! [*olha em torno as paredes, os móveis, a escada, o teto*] Então, o mar virá aqui, levará a casa, os retratos, os espelhos![40]

[...]

AVÓ: O que importa é que és a filha única... só tu existes...

MOEMA: [*com expressão de triunfo*] Só eu existo!

AVÓ: Nenhuma outra filha, nenhuma outra irmã.

MOEMA: Só eu.

AVÓ: És filha única, mas não a única mulher...

MOEMA: [*elevando a voz, com espanto*] Não sou a única mulher... Nesta casa, não sou a única mulher...

AVÓ: Existe outra. Não eu, que sou velha e doida...

MOEMA: Não tu, que és velha e doida. Outra mulher, outra mulher, outra mulher...[41]

Em diversos momentos dos diálogos, o discurso profético é prospectivo e aponta para uma possível conotação no devir, a

---

40. Rodrigues, Nelson, op. cit., p. 262, Ato 1.

41. Ibidem, p. 279, Ato 1.

ruína da família, na fala da avó, a morte de Eduarda (a outra mulher), na elocução de Moema. O futuro é pressentido quer em sua inexorabilidade, quer em sua necessidade. Já as falas de Misael convergem para o passado, num movimento de retrospecção quase puramente denotativo, que repete o saber comum:

> MISAEL: [*já de pé*] Quando me levantei para falar, para fazer o discurso — vi uma mulher... Estava no outro lado da mesa, bem na minha frente... vestida diferente das outras — e sem pintura...
>
> MOEMA: [*com um princípio de medo*] Era uma convidada!
>
> MISAEL: Convidada? [*numa tensão inexplicável*] Não, não podia ser convidada... [...] Eduarda, eu vi essa mulher o tempo todo. [*gula*] Mas eu sabia que ela tinha morrido há muitos anos... [...] Não podia estar ali, mas estava; ninguém a via, só eu... Então, não pude continuar; parei o discurso no meio... Fugi... Ela também saiu, veio comigo... [...] Deve estar aqui me acompanhando...[42]

O modo como Nelson, nesta peça, faz coincidirem, por um lado, o tom lírico e profético da linguagem com a lógica oculta do desejo de Moema; e, por outro, a construção denotativa e transparente com o desvelamento progressivo do crime de Misael, reduplica as ordens de sentido que emprega na composição diferenciada do caráter de Misael e das compulsões de Moema, reificando, nele, a transitoriedade e a contingência e, nela, a eternidade e a permanência. Nesse movimento, Nelson realiza, no ideal dramático, "o ideal da ação total do discurso; o de um mundo totalmente dito", bastando-nos, como no drama grego,

---

42. Ibidem, p. 276, Ato 1.

"escutar para ouvirmos essas outras ordens de sentido e de experiência possíveis que incidem na linguagem, que a linguagem conota, quando o discurso se liberta de sujeições à (pretensa) ação".[43]

Se, no trágico grego, a falha primordial constitui-se no âmbito do desígnio divino — que, vertiginosamente, derrama-se sobre a *polis*, no ato mesmo que aos deuses se oferece —, no drama rodriguiano, o ato teatral instala-se na zona sombreada dos afetos, na qual o cenário divino cede lugar à cena, agora trágica, do imaginário, na ordem do inconsciente. Afinal, sozinha em seu desamparo, entre mortes, a Moema só resta um gozo póstumo. Num texto dramático em que os diálogos parecem nos evocar muitas vezes uma insistente meditação sobre a subjetividade, Nelson Rodrigues, na ausência dos deuses, arautos de nossos destinos, faz recair sobre sua protagonista uma fatalidade quiçá mais tenebrosa: a do desejo — o que, afinal, como humanos, nos resta. E nos move.

43. Steiner, George, op. cit., pp. 276-7.

Dione Carlos: Uma dramaturgia de afetos

Palavra viva: dramaturgias de Dione Carlos oferece à nossa fruição um conjunto de peças nas quais se destacam algumas das mais acentuadas qualidades que marcam a dramaturgia dessa refinada autora, dentre elas, a complexidade das elaborações estruturais, o modo experimental de abordar os temas, as interlocuções textuais, o tônus poético da linguagem e as proposições éticas e estéticas que fundam seu pensamento intelectual, o que instiga, desafia e potencializa a recepção de sua produção. Com exceção de *Caim*, todas as peças dessa coletânea são resultado de inúmeras parcerias com grupos e coletivos, o que acentua o perfil colaborativo e generoso da autora. A diversidade temática acentua os traços estilísticos da dramaturga, atriz e diretora.

Desde as *Dramaturgias do front*,[44] Dione experimenta com variadas e disruptivas linguagens da cena em enredos de sintaxes inusitadas, cortes inesperados, argumentos e temas pouco familiares, formatados em *mise-en-scènes* que fogem aos efeitos de causalidade e progressividade lineares, dialogando muitas vezes com inúmeras poéticas contemporâneas, sejam elas brechtianas, performáticas ou do pós-dramático, nos variados recursos cênicos acionados. Na elaboração das personas, Dione também foge das figurações fixas detalhadamente delineadas de personagens,

44. Carlos, Dione. *Dramaturgias do front*. São Paulo: Primata, 2017.

convencionalmente emoldurados ou psicologicamente sobredeterminados, em favor de esboços e traços minimalistas, intervalares, que sugerem silhuetas de corpos em movimento de devir, porosos, abertos a complementos e interações. A composição dos textos estilisticamente assemelha-se às técnicas de construção dos mosaicos, em que retalhos do cotidiano e da história, fragmentos de subjetividades, situações inusitadas ou mesmo recorrentes são diagramados numa diversidade de desenhos, lembrando, em sua composição, o que propus como uma estética dos retalhos, um *modus operandi* no qual as cenas mais funcionam como instantâneos agrupados pelas técnicas de criação de mosaicos, dispostos, no caso da dramaturgia de Dione, como partituras da voz, nas quais se realçam as ressonâncias e alternâncias de um compósito de vocalizações.

Nas *Dramaturgias do front*, seus textos nos oferecem um investimento singular na reconfiguração da mulher, cujo corpo torna-se paisagem e itinerário de um singular processo de recriação e de reflexão desejadas. Suas criações realçam a corporeidade como via de percurso dos modos de narrá-la e de apresentá-la, evitando sempre as projeções do corpo como estigma e alçando-o como dispositivo de uma perene ação regenerativa e de recriação, um corpo como investimento de afetos, em contínuo processo de transfiguração e de agenciamento propositivos. De sua dramaturgia emerge, assim, uma fala alterna da mulher, um *ela* erigida por compartilhamentos de vozes em processo de recordação e de devir que buscam a transfiguração do feminino como corpo de linguagem e território compartilhado de afetos.

Em *Palavra viva*, acontece uma espécie de retorno e de devolução do feminino. "Toda vinda é um retorno com algo a ser devolvido", nos revela a personagem Oxum, em *Orìkí*.[45] Do mesmo modo, a personagem feminina encontra sempre um retorno significativo, uma revelação, como se dá em *Mamute*, baseada na história de uma mulher croata, Hedviga Golik, que, após 42 anos, é encontrada amalgamada, mumificada em uma poltrona. A peça bordeja o absurdo. A mulher-imagem, tratada muitas vezes com ironia e sarcasmo pela crônica de sua revelação, atiça e assombra o imaginário do espectador, confrontando-o com a terrível descoberta de uma pessoa tornada objeto, um ícone pós-moderno, nunca antes reclamada, nunca nomeada, esquecida na morte como fora quiçá em vida:

> POLTRONA: Fotos. Ao menos estarei nos jornais. Já que não podem mostrá-la, não há o que exibir. Nunca houve. Fotos. Não de frente. Há restos. De costas, elegantemente posicionada no centro da sala ao lado da mesinha lateral e da delicada xícara de chá vazia. A madeira não brilha. De todo modo, isso me confere, como disseram alguns jornalistas, um "ar retrô". Antigo eterno. Moderno póstumo. Fotos. Coloridas, digitais, manipuláveis. Talvez lustrem minha madeira. Eu me adapto. Não reclamo. Camaleão de tapeçaria. [...]
>
> FAXINEIRA: Não revelaria minhas observações ao longo de tanto tempo a dois microfones, um rebatedor de luz, cabos de energia, uma câmera e três rostos tomados pelo mais evidente talvez. Eu limpo e observo. O talvez destrói lentamente até assassinar de uma vez. [...] Ela não sumiu. Incrustou. Nada demais. Não entendo todo este alarde em torno de um fato assim tão corriqueiro. Aqui neste lugar onde me encontro, pessoas se desintegram diariamente. Parece

45. Idem. *Palavra viva: Dramaturgias de Dione Carlos*. Belo Horizonte: Aquilombô, 2022, p. 29.

um filme de ficção científica. Todo dia tem lençol branco, balbucio, murmúrio, lembrança. Lembrança mata! É que aconteceu no prédio, dentro do apartamento, e ela se desintegrou aos poucos com gente preservada ao redor. Teve nascimento, casamento, começo e fim de novelas, filmes, seriados, novas tecnologias, novos sistemas políticos.[46]

Em *Palavra viva*, este eu/ela transita por muitas espacialidades e contextos diferenciados e diversos. E toda volta é sempre um retorno de algo antes recalcado e reprimido, mas agora reapresentado como metamorfose, presença incorporada, performada em novos grafemas. Mesmo na peça *Caim*, em que o protagonismo da voz é masculino, sobressai-se a dissonância da voz feminina de Lilith, a primeira mulher de Adão, um contradito e uma contravenção a Eva. Interditada e apagada das escrituras canônicas, Lilith, no entanto, é quem ressoa como rasura dos já ditos, voz estruturante na própria elocução agônica de Caim:

> CAIM: "Os inocentes já estão acostumados a pagar pelos pecadores..."
> Você me disse isso, meu amor...
> Antes que eu viajasse pelo tempo, pelo mundo...
> Você me disse isso, meu amor, deitada, completamente nua, como se tivesse acabado de nascer. Sem esperança, sem dor, com lágrimas nos olhos... Você não é de ninguém porque é tudo... Você é Lilith... Você foi banida das narrativas... Você é muito perigosa... Você é muito, muito perigosa, meu amor... Por isso, eu não posso deixar você de fora daqui...[47]

46. Ibidem, pp. 44-5.
47. Ibidem, p. 145.

Os textos dramatúrgicos de Dione Carlos balizam a escrita da mulher como um processo contínuo de alçamento da corporeidade como dispositivo de uma ação regenerativa, e um dos recursos expressivos mais potentes em sua textualidade é a instrumentalização da língua como lugar mesmo de instalação de vários idiomas da voz. Na tessitura das vocalizações, as falas ora se alternam, ora entre si conversam, ora inviabilizam a própria função comunicativa. Sobressaltada, às vezes a língua alcança seu limite de desarticulação, fazendo-se gaguejar, como diriam Deleuze e Guattari em *Mil platôs*,[48] um modo *sui generis* de torcer e retorcer a própria linguagem, na busca por uma dicção alternativa que imprima frescor ao exercício da autoelocução e da autonomeação. Assim, a voz incide, como estrutura, na composição do narrado, por onde transita um eu sempre em busca da constituição de um nós. Esse corpo vozeado torna-se paisagem e itinerário de uma subjetividade em mutações contínuas. Deste modo, ressoado pela palavra, o corpo-mulher escapa dos estigmas das imagens rotas e viciadas e torna-se *locus*, instrumento e dispositivo privilegiados de uma potente e persistente rasura do antes dito, do já repetido e do interdito, instituindo uma nova gramática de dicções do feminino, como ouvimos em *Orìkí*, uma transcriação de Hamlet:

> Neste lugar, idioma único
> Tomei para mim a língua
> Eu a movo para os lados, para cima, para baixo, no centro.[49]

---

48. Deleuze, Gilles; Guattari, Félix. *Mil platôs: Capitalismo e esquizofrenia.* Rio de Janeiro: Editora34, 2008, v. 3.

49. Carlos, Dione. *Palavra viva*, op. cit., p. 20.

Sobressaltada, a língua é torcida, retorcida e sutilmente se decompõe e se exercita como território do diverso, um modo eficaz de produzir estranhamentos e de alinhavar os fragmentos das subjetividades em curso. Nessa poética, os enunciados ora são dispostos em versos minimalistas, flechantes, em que a voz troveja, como no fragmento da peça *Revoltaя: memórias de ilhas e revoluções*, em que o mesmo fraseado, com ligeiras e significantes variações é repetido como mote, por uma fala totalitária, jubilatória, mas que se quer anônima, designada por um número, 64, que representa uma data, um marco, uma ditadura, um terror, pronunciado no ritmo de um augúrio, de um malefício que se repete de forma alternada:

> 64: [*na passeata*]
> A cabeça lembra.
> A cabeça sempre lembra.
> Mesmo quando o corpo esquece.
> [...]
>
> 64: Todo embargo é um estupro
> [...]
>
> 64: O corpo lembra.
> O corpo sempre lembra.
> Mesmo quando a cabeça esquece.
> [...]
>
> 64: Todo estupro é um embargo![50]

50. Ibidem, pp. 69-70; 82; 98; 118.

No mesmo processo, mas com outros procedimentos, a língua, às vezes prosaica, se expande em mais longas declamações, quase discurso, quase manifestos, como nesta fala:

> Esta voz, aqui, acontece para lhes dizer que ainda estamos vivas apesar do deserto, das ruas desertas, das muitas que desertam por não ter mais como continuar.
> É da nossa natureza, continuar, inclusive quando já não estamos.
> Eu queria não ter que sentir mais medo.
> Eu queria não ter mais que dar sentido ao meu medo.
> Eu queria não ter mais que transformar o meu medo em algo diferente.
> Porque é da minha natureza fazer algo bom com o meu medo.
> Gestá-lo, amamentá-lo, criá-lo, fortalecê-lo para que ele, um dia, mande em mim.[51]

Nesse contínuo exercício de estranhamento da linguagem, mover a língua é, em certos casos, tomá-la de assalto, brincar com ela, volvê-la ludicamente à sua pré-infância. Gaguejante, a língua torna também estranhos seus enunciados, retirando o ouvinte da zona de conforto, como se dá, na fala dos Ibejis, em *Orìkí*:

> GÊMEOS/IBEJIS — COVEIROS: [*eles invadem o espaço com estas falas o tempo todo. Não nesta ordem*]
> [...]
> Rabo macaco árvore na quebra sem apoio galho
> Pé ela afundou se raiz como fosse o dela
> Mergulhar vi macaco nunca!
> Pequeno escavar água túnel liberar para

51. Ibidem, p. 84.

Salta pedra come joga macaco
A lama tirar água escoar de corpo o antes da
Carrega flor cabeça não macaco na
Devorada dentro por esta fora por inchada

Canta não macaco deseja não dança morrer não![52]

Nesse processo de decantação, a mesma língua que reclama e tropeça também se reconstitui, poeticamente transformada, fazendo-se assim deveras instrumental, como *mater* da enunciação pretendida. E verseja novas dicções, como se renascesse. Renascer é comover, mover com, como nos adianta uma outra Ofélia, recomposta, dizível e visível, numa fala em que mulher e língua se espelham em uma criativa metamorfose:

OFÉLIA: Verde por todos os lados cobre o ouro, confunde a palha e esconde o cobre.
Arruda, alecrim, flor-de-laranjeira, makasa, manjericão, levante, erva-prata, akòko, espinheira-santa, pèrègún, desata-nó, amora, cansanção, oripepê, jaqueira.
Cada qual recebe o seu na necessidade de cada um. Para mim também há de ficar algo.
A coruja pia no meu ombro.
Eu vejo.[53]

O que também se processa na reminiscência da guerrilheira Fidelina, em *Revoltaя: memórias de ilhas e revoluções*:

52. Ibidem, pp. 30-1.
53. Ibidem, p. 30.

As ilhas nascem das lavas lágrimas de um vulcão.
Assim como um vulcão, eu desperto.
E sei nadar.
Porque eu ainda não nasci.[54]

Nessas grafias do feminino, os modos de construção dramatúrgica nos oferecem múltiplos desafios, pois se tecem como fragmentos de subjetividades sempre em processo de recomposições ou decomposições sutis, como fotogramas arranjados em complexos mosaicos que incidem na ordenação às vezes errática do narrado, grafando uma composição sinuosa e engenhosa, na qual o desafio para o espectador se impõe tanto na percepção dos enunciados quanto nos dispositivos e modos de suas teias enunciativa e narrativa. Assim como a partitura dramatúrgica, por meio de vários acordes e artifícios teatrais, exercita a voz, da qual ressoam a almejada autonomeação e autodesignação, a persona feminina é também uma criação contínua e cenicamente ensaiada, como ainda nos revela Fidelina, na mesma peça acima referida:

FIDELINA: Eu caibo no meu corpo pela manhã.
Eu tenho o tamanho certo durante o dia.
Eu sempre funcionei melhor na vigília.
A gente não sabe o que é.
São os outros que nos dizem o que somos.
Ou o que precisamos ser.
[...]
Um passo ***à*** frente e sou uma voluntária.

---

54. Ibidem, p. 131.

Um passo *à* frente e sou uma soldada, uma sargento.

Um passo *à* frente e sou uma estudante universitária.

Um passo *à* frente e sou uma atriz, uma dramaturgista, uma professora, uma tradutora, uma palestrante.[55]

Por todos esses aportes, a dramaturgia de Dione instala uma territorialidade alterna e outros aquilombamentos, uma espécie de cartografia de afetos. Ali a mulher, emissora, transforma a invisibilidade, o silêncio e a indizibilidade em melopeias, em linguagens transitivas, agências que desafiam o poder das imagens controladoras. Nelas, a memória compartilhada ativa e recicla a experiência do vivido, inscrevendo as histórias individuais e coletivas das personagens como um saber prefaciador dos processos de restituição, recomposição e a própria nomeação que ressignificam a mulher, histórica, estética e culturalmente, como um corpo polifônico, múltiplo e variado. Um corpo que se apresenta como silhuetas desdobráveis do feminino, escritas e inscritas com sofisticada arte por Dione Carlos, uma potente, complexa e talentosa dramaturga. *Palavra viva* torna-se assim um potente, instigante e mobilizador convite à reflexão e à nossa fruição.

55. Ibidem, p. 63.

Por onde sopram as ventanias: Transitoriedades espaço-temporais em *Buraquinhos*, de Jhonny Salaberg

Buraquinhos ou o vento é inimigo do picumã é um texto dramatúrgico insinuoso e envolvente, que revela os múltiplos talentos de Jhonny Salaberg, seu jovem autor. A peça nos oferece várias possibilidades de abordagem, numa trama instigante, principalmente pela complexa estrutura espaço-temporal que enreda e pela performatividade da linguagem, que prima por modos de elocução, pelos quais a narração institui uma pluralidade de vocalidades a partir da voz-mestra do protagonista. Evocarei, neste breve estudo, a tapeçaria espaço-temporal da peça, as nuances de temporalidades que também espelham os territórios evocados e constituídos pela fabulação do narrado.

O argumento do texto aparentemente simples reproduz o trânsito agônico de um menino pelos cinco quarteirões que o separam de sua casa. No dia de Ano Novo, o menino sai de casa, nos subúrbios de São Paulo, para ir à padaria comprar pão, como faz todos os dias, atendendo a um pedido da mãe. É manhã. Adentramos a situação dramática pelo dia seguinte à passagem de fim de ano, cuja festa teima em anunciar admiráveis mundos renascidos sob o signo da esperança. No quintal ainda permanecem os cheiros e restos do churrasco, a lembrança da dança, da música, da festa. Na cozinha, as vasilhas por lavar e o cheirinho gostoso de café novo que a mãe prepara. O menino, de doce inocência, mas percepção arguta, inicia seu dia sem presságios:

> Em algum extremo da cidade, eu me levanto meio capenga em direção ao banheiro. É 1º de janeiro e ainda é possível ouvir o barulho dos fogos de artifício, sirene de viatura e a música "O que pensa que eu sou", da banda Djavú, que tocou dezessete vezes na noite anterior. Eu contei. O que não contei foi a quantidade de copos de refrigerante que bebi. Já que ainda não posso beber cerveja, eu acabo caindo na frenética do Dolly. O cheiro da fumaça da churrasqueira permanece em minha roupa.[56]

O dia amanhecera preguiçoso, mas os perigos rondam as rotinas do cotidiano, sem nenhum aviso:

> Eu pego as moedas em cima da mesa e saio rumo à padaria. No meio do caminho, eu me lembro que é feriado e sou obrigado a andar cinco quadras para chegar na única padaria aberta. As ruas estão completamente vazias. O sol está forte e elimina todas as possíveis sombras que se pode ter. Uma viatura se aproxima de mim e passa bem rente ao meu corpo. Se passasse um pouco mais perto, seria possível me engolir com as suas rodas cheias de sangue. Lá de dentro, dois policiais me olham como se eu fosse o Osama Bin Laden nas ruas da periferia, pronto para jogar uma bomba dentro do carro. Eu entro na padaria e torço para que a viatura vá embora e não mais me encontre.

---

56. Salaberg, Jhonny. *Buraquinhos ou o vento é inimigo do picumã*. Rio de Janeiro: Cobogó, 2018, p. 17.

Me deparo com uma fila que eu não esperava. Há apenas um funcionário na padaria. Encosto no vidro do balcão gelado coberto com várias bolhas de água. O contato da minha pele quente com o vidro gelado traz uma sensação interessante. Há uma televisão suspensa na parede, parece ser dessas modernas que não têm botão nem controle e, se duvidar, nem tomada. O jornal encaixotado anuncia a morte de cinco jovens negros na virada do ano. Chega minha vez na fila! Eu pego a sacola de pão e saio da padaria. As pessoas da fila parecem não escutar a televisão ou não se importar com a notícia. Afinal, em terra de fogos de artifício, quem ouve tiro é rei.[57]

Ele compra o pão e se dirige de volta à sua casa, quando é abordado pelos policiais e acusado de roubar o estabelecimento. Repentinamente, o caminho rotineiro transforma-se em uma rota dilacerante de fuga, na tentativa de evasão. A criança, assustada, foge dos policiais que atiram e o ferem. Aí se inicia seu périplo. Entre a vida e a morte, o menino, em desespero, corre, fugindo dos seus algozes e assassinos.

O policial que está no banco do passageiro sai da viatura com a mão direita na arma pendurada em seu cinto. Eu começo a correr para o sentido contrário. Ele corre atrás de mim com toda a fúria que se pode ter. Os pães pulam dentro da sacola e eu os agarro em minha barriga.[58]

Na tentativa do escape, o menino em fuga é perfurado pelas balas que abrem crateras no seu frágil corpo.

---

57. Ibidem, pp. 18-9.
58. Ibidem, p. 20.

O que se narra?

No âmbito do narrado, *Buraquinhos* tece uma trama que evoca acontecimentos rotineiros na paisagem social brasileira: a violência policial, a matança indiscriminada de jovens negros, um genocídio. Outras peças têm abordado o mesmo tema, a dor e o sofrimento daí derivados, centrando-se nas mães enlutadas. Em *Buraquinhos*, a criança entre mortes, entre cortes, é o protagonista. Sem nome, anônimo, é como se representasse e performasse a multidão de jovens cotidianamente assassinados. Um espelho de uma situação cruel, repetida pela similaridade ostensiva, na qual a fuga torna-se um dos constructos mais potentes do drama.

Na prática do extermínio, o corpo negro é demarcado por uma geografia de exclusões excepcionais que o tornam invisível, porque indiferenciado como generalidade, negando a ele a individualidade e a feição ou feições do humano. Mesmo sendo maioria populacional, é exceção em termos dos sistemas que operam sua eliminação. A face negra, indiferenciada, é o retrato de uma mortandade sem limites. Nos rituais cotidianos e rotineiros, as familiares cenas de execução, a céu aberto, de tão repetitivas parecem se tornar naturais ou naturalizadas, o que não são. José Fernando nos lembra que na repetição do extermínio, "um corpo fronteira projeta-se segundo aquele sistema de visibilidade que o multiplica conforme protocolos de possessão (inclusão) e sacrifício (extermínio)",[59] acrescentando:

> Veja você: uma ação da polícia judiciária na cidade do Rio de Janeiro, ocorrida em 6 maio de 2021, teve o singelo nome de *Exceptis*. Exceção,

59. Azevedo, José Fernando. "Fugografias — carta a Lepecki". *Conceição/Conception*, Campinas, v. 12, p. 5, 2023. Grifos do autor.

nesse cruzamento da ordem e do terror, uma ação do Estado pornograficamente acenando: sobre aqueles corpos não há lei. Entre o corpo daquele garoto, no caminho de volta da escola em 1984, e o extermínio televisionado na favela carioca em 2021, o progresso é a norma, num processo que apenas intensificou protocolos de controle. Como não lembrar das notas de Luiz Roberto Salinas Fortes, em seu *Retrato calado*,[60] em que descreveu o horror dos porões e da tortura durante a ditadura civil-militar? Para ele, ali ocorria um laboratório sem precedentes, em que ia tomando forma o que ele chamou de *esquadronização geral*, fazendo referência aos esquadrões da morte e suas práticas de extermínio, antevendo o que hoje já sabemos: *a sociedade brasileira é um grande esquadrão da morte*.[61]

Ainda segundo Azevedo, um corpo em situação de fuga é um corpo fronteira e também um corpo emblema. Como corpo fronteira, o próprio corpo se torna geografia sem bordas, horizontes que confinam quando pareciam libertar:

> Meu corpo é uma fronteira que se move. Para quem vê a uma certa distância, a linha que esse corpo traça, nos espaços em que se lança, pode imitar um horizonte. Mas tanto mais se aproxima dessa linha, aquele que observa acaba por compreender o quanto de confinamento define os contornos disso que é também uma posição. [...] o mesmo *corpo fronteira*, convertido em horizonte, ocupando posições, faz revelar, naquele horizonte, ainda uma fronteira.[62]

---

60. Fortes, Luiz Roberto Salinas. *Retrato calado*. São Paulo: Cosac Naify, 2012.
61. Azevedo, José Fernando, op. cit., p. 8. Grifos do autor.
62. Ibidem, p. 5. Grifos do autor.

Como emblema, o corpo em fuga detém o poder da representação coletiva. Assim, o corpo esburacado do menino torna-se também metamorfose de vários outros corpos que há séculos são cindidos pelos estigmas indiscriminados da violência, na duração sistêmica e sistemática dos mecanismos e protocolos que regem os assassinatos.

> no caso do corpo negro, essa invisibilidade nomeia, todavia, um *excesso* e a sua *insuportabilidade* no plano do convívio — com efeito, a coreopolícia[63] opera, sobre esse corpo, *práticas de exceção*, principalmente quando, em sua emergência, ele instaura uma *verdadeira exceção*. Aqui, a *corporidade* resulta de relações de produção de um modo específico de visibilidade: uma coisa que aparece (materialmente), se põe em consideração (socialmente) e se afirma (existencialmente). Negatividade extrema, essa corporidade é o produto da negação das situações que a negam.[64]

Por onde corre o menino?

A situação de fuga e de desterro acontece em dimensões nas quais o real e o imaginário se entrecruzam, construindo uma paisagem ou cartografia de traçados da violência e suas aderências. Acompanhamos esse aparente curto trajeto por meio de telas, nas quais a trajetória das balas vertiginosamente vão furando buraquinhos no frágil e desamparado corpo da criança. Nesta fuga alucinada, o enredo se enovela e se distribui por três composições de tempo e espaço. Em um primeiro plano, da realidade

---

63. Lepecki, André. "Coreopolítica e coreopolícia". *Revista Ilha*, Florianóplis, v. 13, n. 1, jan./jun. 2011.

64. Azevedo, José Fernando, op. cit., p. 4. Grifos do autor.

capturada em um presente contínuo que se estende material e concretamente da padaria à casa, o espaço e o tempo são limitados pelo episódio dos tiros e da fuga. Aqui impera o presente do presente que alude à atualidade do brutal assassinato sofrido pelos jovens negros na sociedade brasileira. Uma cena recorrente, diariamente noticiada pelos jornais e que assola e faz sofrer as famílias negras. Aqui se configura uma espécie de memória do presente. Aqui o menino tenta voltar ao seu endereço, onde tem família, história, vida em perspectiva. Em ritmo alucinante, as batidas do seu coração modulam as temporalidades percorridas pela criança em seu desesperado desejo de escapar. Mais balas o atingem e ainda assim teima em evadir-se.

Uma segunda dimensão agora se abre e estende a paisagem temporal e espacial, como em um delírio que se produz no átimo entre a vida e a morte, como se, em um devaneio, o périplo do menino o levasse a várias localidades e topografias das Américas Latinas e de África, instaurando a memória do passado. Em um voo rasante, as imagens de temporalidade e de espacialidade se expandem, mas também se entrelaçam com o primeiro enquadramento ou *frame* com o qual se espelha. A cartografia é também uma topografia. A fuga pela rua do bairro é emparelhada ou justaposta ao trânsito similar por outras geografias.

> Eu avisto um poste com alguns buracos e começo a subir até chegar nos fios de eletricidade. Ele me olha lá de baixo com a arma apontada em minha direção. Eu corro nos fios tentando me equilibrar para não cair. Seguro a sacola cheia de pães com força e olho para os postes, existem muitos deles, vou correndo nos fios, alcançando todos os postes que vejo. Eu olho para baixo e o vejo correndo com uma mão no cinto e a outra segurando a arma. Aqui começa a jornada

para salvar esse pequeno corpo negro ambicioso, que corre com uma sacola de pães nas mãos. Por essas ruas, a saga é diária e é preciso ser ligeiro.[65]

Para onde vai o menino?

Vários indícios nos apontam que as duas trajetórias são simultaneamente percorridas, superpostas. Ao mesmo tempo que tenta vencer o curto espaço real entre a padaria e a casa, trajeto breve, de poucos quarteirões, sua mente também percorre uma jornada territorial e simbólica extensa, como se a perseguição mimetizasse uma jornada em que os buracos das balas são crateras que se abrem pelas vielas sem fins das Américas escavadas pela mesma violência que indefinidamente se repete. Neste périplo, a criança se transmuta em outros tantos sujeitos esburacados pelos mesmos tiros, pela mesma persistência e repetição de uma caça mortífera que desenha essas veias abertas. As duas trajetórias, especularmente, se espelham.

Eu corro. Corro mais. Corro mais ainda. Corro mais rápido. Corro passando por cima das minhas pernas. Corro tentando encontrar um refúgio. Corro porque é a única opção que eu tenho nesse primeiro dia do ano que eu não sei se é o último. Corro porque o café está me esperando. Corro porque em casa tem álcool e algodão e sei que minha mãe vai sarar esses buracos. Corro porque as minhas asas já não funcionam mais. Corro porque a boca do mundo tenta me engolir à medida que eu digo: NÃO! Corro porque tenho que costurar meu rim ainda hoje. Corro porque ele está atrás de mim e está atirando na minha direção. Corro porque eu sou preto. Corro

65. Salaberg, Johnny, op. cit., p. 20.

porque as balas perdidas correm mais rápido que eu. Corro porque o dedo no gatilho se mexe mais do que os meus pés. Corro porque acabei de levar um tiro. Corro porque acabei de levar outro tiro. Corro porque é mais um tiro. Corro e mais tiro. Mais tiro. Mais tiro. Mais tiro! Corro porque, até aqui, eu já levei a minha idade de tiros.[66]

Por onde passa o menino? De que portas e fronteiras entra e sai?

Habilmente, o autor configura a diferença entre o espaço-casa e o espaço-rua. A casa é o lugar do retorno desejado. Na ambiência da casa, predominam os afetos, o conforto dos compartilhamentos afetivos, os aquilombamentos familiares, o terreiro, as comidas gostosas, as alegrias e brincadeiras, os aromas suaves, a convivência amorosa, os saberes das lições prazerosas, os rumores, as expectativas de futuro, as defesas dos perigos, as pulsões de vida. A mãe preside a existência ainda saudável, como provedora, protetora, senhora dos saberes, guardiã, que ensina, guia, nutre.

O ambiente materno instala uma zona de conforto e segurança na qual figura a mãe, *mater* dos conhecimentos, dos afetos, dos ensinamentos, guardiã do terreiro, uma força matricial que se esparge por todos que habitam esta espacialidade. Ali a criança pobre habita uma rica e dinâmica possibilidade de ser, recipiente de um ambiente que o protege dos desígnios, das inseguranças e incertezas do lá fora. A casa é morada da vida. Lá fora, a morte espreita, ronda, ameaça:

Em casa, minha mãe varre o quintal juntando a poeira dos cantos das paredes, formando grandes punhados de terra. Ela sabe que

---

66. Ibidem, p. 32.

> a casa é velha e é preciso varrer no mínimo duas vezes por dia. Minha mãe é dessas certezas absolutas de um velho ancião fumando seu cachimbo. Ela sabe de tudo. Sabe que vai chover mesmo quando o céu explode o azul. Sabe que o cachorro da vizinha não vai vingar por muito tempo. Sabe que semana que vem o leite vai aumentar ainda mais. Ela só não sabe que, num instante, meu corpo vai ter tantos buracos quanto o muro que separa minha casa e o esgoto.[67]

O lá fora é território sem lei, sem justiça, sem discernimento. O lá fora é lugar do perigo. No lá fora, as garras da morte, a discriminação, os preconceitos, a voracidade da dor. Com a criança em fuga, atravessamos Bolívia, Peru, Haiti, as lápides e os subterrâneos de uma América onde impera a violência. Com ele chegamos às origens africanas também marcadas por agruras, sofrimentos e pelas sagas frustradas dos que tentam migrar.

> O primeiro tiro acertou a esperança de um haitiano. O segundo tiro perfurou a força de um cubano. O terceiro tiro entrou na costela de um etíope. O quarto tiro decepou a orelha de um liberiano. O quinto tiro encontrou o ombro de um moçambicano. O sexto tiro acertou a coragem de um jamaicano. O sétimo tiro perfurou o rim de um nigeriano. O oitavo tiro rasgou a saudade de um ganês. O nono tiro destruiu a chance de um angolano. O décimo tiro me acerta no peito e abre mais um dos tantos buracos em meu corpo.[68]

---

67. Ibidem, p. 22.
68. Ibidem, p. 43.

O menino sangra e tinge de vermelho todos os lugares por onde passa. Nele, todas espacialidades também sangram, manchando ruas, grutas, rios, montes, serras, territórios urbanos e rurais, cartografando, assinalando os becos que atravessa no delírio que antecipa a execução previamente anunciada. O texto inscreve e escreve os itinerários da morte, uma espécie de necropolítica, como nos ensina Mbembe.[69]

Tudo ali se enovela nesse painel dilacerador pelos cindidos territórios americanos, pelas veias abertas, seja em graves tons dramáticos trágicos, seja pela sagaz ironia do narrador, em um entrelace de tons nos quais parece ressoar, na percepção da criança, tanto a dicção dramática quanto a lírica infantil.

> Por aqui as casas são túmulos e os túmulos são casas, não há diferença. [...]
> As lápides soltam rangidos e mudam de cor enquanto conversam. [...]
> Nesse momento eu sou uma máquina retinta humana pronta para pintar de vermelho todos os horizontes que já se passaram. [...]
> Minhas patas estão cansadas e minhas barbatanas sangram. [...]
> Corredores rasgam a pequena cidade de Cité Soleil, que se expande nas águas sujas e o afeto descartável daqueles que saem e não voltam. As crianças da cidade correm descalças pelo barro batido feito de sangue e miséria. [...]
> Eu levei cinco tiros e com eles vem a certeza de que outras balas perdidas tentam me encontrar.[70]

---

69. Mbembe, Achille. *Necropolítica*. São Paulo: n-1 edições, 2018.
70. Salaberg, Johnny, op. cit., pp. 25; 26; 40; 23; 34 e 24.

Em determinados momentos, o protagonista repete, em agonia: "Eu abro minha sacola e percebo que perdi mais um pão."[71] Perder pães é perder partes do próprio corpo pelo caminho. Se o espaço entre a padaria e a casa é curto, breve, o périplo pelas Américas é longo, cheio de obstáculos, desafiador. Mas, em ambos, os perigos são muitos e suas múltiplas temporalidades se espelham e se confundem, dilatando os sentidos e as imagens dos tempos. Os minutos que o separam de casa, seu desejado abrigo e salvação, se estendem, mas também se comprimem, nessa trajetória desoladora, alucinada pelos mapas desconhecidos, mas também familiares, dos territórios emoldurados.

Um aparente monólogo traduz uma polifonia de vozes, plasticamente distribuída, temporal e espacialmente, e que vai se desenhando nessa tão breve e tão longa jornada que, com o protagonista, percorremos quase sem fôlego, como se, assim como ele, fôssemos todos fugitivos da morte. O discurso indireto livre, recurso sofisticado de composição da narração, quando acionado, faz com que personagens, narrador, diferentes e variadas locuções se enovelem, se entrelacem, e ecoem, compondo o emaranhado da teia polifônica intertextual que evoca vozes, alusões, situações, adereçadas na trama textual.

> Na cozinha, minha mãe está em frente ao fogão passando o café. A pia está cheia de louça. Na mesa, ao lado do vaso de flores artificiais, tem dois reais em moedas. Eu sei que a tarefa de ir à padaria é minha, todo santo dia. As moedas de dez e cinquenta centavos estão encapadas com durex encardido. O sol que entra pela janela da cozinha ilumina o cabelo de minha mãe que, nesse momento, parece

71. Ibidem, p. 31.

> estar vermelho. A barra de sua blusa está úmida devido ao contato com a beira da pia. Seus dedos estão enrugados, mas firmes.[72]

Nesse mapa, o menino percorre espacialidades que não são endereços. Nesses percursos, coincidem os movimentos retroativo e prospectivo simultaneamente. As viagens para frente e para trás são complementares. Nesses voleios temporais e espaciais, a viagem se estende e se expande, cobrindo longas distâncias, como uma imagem em movimentos curvilíneos; assim como se comprime, se condensa nos flashes de realidade, nos instantes da real corrida pela vida. A curta duração entre a padaria e a casa se assemelha à longa jornada por outros tempos e lugares. Os sentidos da vertiginosa corrida se alternam; da padaria à casa, a busca de um futuro da salvação; pelas cartografias internacionais, a corrida se faz em direção a um passado contínuo, incompleto, inacabado. Na experiência da vivência esgarçada das temporalidades, as durações das jornadas ora se comprimem, ora se dilatam. Na duração, como nos ensina Bergson, se cria a ilusão de passagens ou experiências de temporalidades subjetivas que subvertem os fluxos rotineiros de relógios e calendários.

> Eu continuo fugindo da bala midiaticamente perdida, da bala que persegue o corpo magro, suado, pequeno e preto. A bala que tem por objetivo me perfurar, rasgando o tecido áspero e quente que se encontra perdido no imenso e assustador vazio. Eu corro para que não haja outro buraco destapado com sete palmos de choro de minha mãe ajoelhada na terra molhada. Eu corro para que as velas de casa sirvam para iluminar a cozinha em dia de falta de luz e não

---

72. Ibidem, p. 18.

> para me iluminar. Eu corro assim, meio sem saber se vou chegar em casa, se vou comer meu pão, se vou à escola esse ano. Eu puxo todo o ar que um menino pode ter nos pulmões para aguentar essa cidade feita de bonecos de chumbo, que insistem em nos arquivar nas velhas gavetas enferrujadas. Minha pisada é ligeira e sagaz feito rato que corre em esgoto aberto.[73]

Na fuga, não há mapas, nem garantias, escapar é apenas uma possibilidade de evasão. Mas ocorre que "fugir nem sempre resulta escapar",[74] como revela Azevedo.

> Eu sinto alguma coisa escorrer em meu corpo, é um dos meus pulmões. Ele sai pelo buraco da minha costela, escorrega pela minha barriga e pousa em minha coxa, eu o pego e coloco dentro da sacola. A mulher me olha assustada e deixa uma lágrima escorrer em sua pele preta marcada pelo sol. A menina abre a porta da casa, pousa o galão de água e me olha também assustada. A mulher se direciona até uma gaveta, pega uma linha e uma agulha e se senta na cama. Ela prepara a costura. O fio passando no buraco da agulha me faz arrepiar. Ela me deita na cama e começa a costurar alguns dos meus buracos.[75]

Corpo partido. Convergência dos tempos e espaços na cozinha da mãe onde a criança pousa seu coração ensanguentado.

> O coração segue voando e bombeando em direção à minha casa. A coragem de rodar o mundo inteiro agora volta ao seu ninho para

---

73. Ibidem, p. 21.
74. Azevedo, José Fernando, op. cit., p. 4.
75. Salaberg, Johnny, op. cit., p. 36.

dizer adeus. Coração que pulsa voa uma última vez antes de morrer. Ele entra pela janela e pousa em cima da mesa. Minha mãe está de costas mexendo o feijão em fogo baixo. O coração continua pulsando em cima da mesa. Minha mãe para, solta a colher de pau e permanece quieta. O feijão borbulha na panela e o coração pulsa ao lado das flores artificiais. [...]
Ela se vira em direção ao coração. Suas mãos estão suspensas no ar, próximas aos seios e ao fogão. Os olhos estão marejados e cheios de dor. Parece não acreditar no que está vendo. O coração aos poucos para de pulsar e recolhe as asas. A máquina de lavar ainda soa o trec-trec do quintal.[76]

Como na narração da tragédia, podemos apenas imaginar a cena da mãe ao abraçar, em torrentes de prantos, o corpo-coração ensanguentado do filho, uma das muitas *pietás* negras que, assombradas, habitam o Brasil. Em sua carta-testemunho, José Fernando Azevedo nos lembra uma cena parecida com aquela que podemos fantasiar em *Buraquinhos*:

Lembro ainda de quando, voltando da escola para casa, num caminho que implicava a ultrapassagem de uma fronteira, no limite entre duas vilas, deparei-me com aquela mulher prostrada na rua de terra com um garoto no colo, uma *Pietá* desavisada de si, gritando em desespero o nome do morto. Ele tinha um ponto preto na testa, de onde corria um filete de sangue que fazia seu caminho entre os olhos fechados.[77]

76. Ibidem, pp. 47-8.

77. Azevedo, José Fernando, op. cit., p. 7.

Distópica, a corrida contra a morte se avizinha de um trágico fim, "num trânsito terrível entre a vida imaginada e o cadáver interposto".[78]

Mas o texto se recusa fechar na imagem da morte, ou na prevalência do assassinato policial. De certo modo, concluir com a morte seria quiçá naturalizar a saga, entronar a ideia de destino ou de sina. Aceitar e acomodar na denúncia diluída em uma realidade que parece querer-se imutável. Sucumbir à paralisia. O texto desafia o desfecho trágico. E se abre para a esperança, assentada numa última ilusão da criança, como se quisesse "interromper o fluxo, escapar aos ciclos, compreendendo, enfim, na espiral do tempo, o sentido próprio da convivência, às vezes terrível, de fusos históricos em tensa e intensa interação".[79] Como se nos convocasse à mudança. O texto agora sonha.

Numa reviravolta que se realiza apenas no universo das prospecções, a morte da criança é, mais uma vez, adiada. O tempo espirala. E rompe o ciclo fechado, completo, acabado do presente inanimado. E se abre à esperança, introduzindo a utopia.

Corte. Outra temporalidade se insinua. Morreu o menino? Ainda não. Um último esforço. Não morrera ainda, vésperas da morte, conclusão dos trânsitos, seus subúrbios. Entre o devaneio e o real, uma nova ponte se estreita. Na quase morte coincidem o final da fuga real e da imaginada. O devaneio se confunde com a experiência vivida. Ainda vida e já quase morte. A sincronia de tempos prenuncia a utopia que rompe com a desgraça. O texto abre-se agora para o tempo do porvir, no acolá. No torvelinho desses tempos e espaços que se atravessam e se repetem em

78. Ibidem, p. 7.

79. Ibidem, p. 5.

semelhança e em diferenças, o real, em delírio, se refaz em imagens esvoaçantes.

Entre mortes, aquele instante fugaz, em sua concretude de imagem-tempo, dilui as fronteiras e limites entre a realidade crua e o imaginário. Essa convulsão temporal nos lembra o que Nelson Rodrigues realiza em *Vestido de noiva* e em *Valsa n. 6*. Um fragmento que simultaneamente comprime, dilata, condensa os fluxos de passagem, de retrocessos e prospecção de temporalidades incapturáveis, pois desenham a imersão nos fluxos de consciência onde reina e pulsa a *durée bergsoniana*, experimentada como puro esgarçar das subjetivações e abissais territórios dos trânsitos e paragens mais interiores e íntimos. Um espaço-tempo indefinível, que, como em Nelson, se torna um entre-lugar, um acontecendo, uma liminaridade que alucina a existência, seja breve, seja longa como um entremeio, um entreato. Ali a linearidade regular dos tempos contáveis se evapora. Um não lugar, um não tempo. Um breve respiro cria a ilusão que ensurdece e silencia os estampidos da realidade.

E é nesse átimo intervalar que a narrativa hesita concluir, como se trapaceasse o desfecho. Aqui o tempo se reabre em espirais. Uma nova imagem se introduz. Se até então passado e presente se espelham, o presente da fuga é a repetição de um passado contínuo, previsto, inexorável, oracular, um novo corte se produz no narrado: como se, em uma espiral, a narrativa voltasse para o seu princípio, mas o repete em diferença. A esperança de um desfecho idealizado nos projeta, qual uma flecha, para a utopia do futuro que desfigura o destino e introduz um devir outro: o texto se repete, a situação se repete, imagens especulares, mas o fim trágico é substituído pela possiblidade de um presente/futuro alterno. Nele, o menino chega são em sua casa, revisita suas tarefas e rotinas ordinárias, se projeta em uma temporalidade e espacialidades sadias, em que a vida, sem sobressaltos, segue o ritmo de uma existência possível, almejada. O encontro de todos os tempos nos projeta para a esperança. Só então intuímos que o menino, no plano da fuga realista, deveras morre, atravessando os limites de sua última fronteira. Mas como ideal de vida, ele ainda permanece.

No plano da utopia, as espirais abertas recusam a naturalidade da violência. Aqui, também, as espacialidades sonhadas se espelham, a espacialidade-casa, a espacialidade-rua se tornam um não lugar, em que rua e casa podem se produzir como imagem de lugares salutares. À fatalidade da sina dos assassinatos rotineiros, continuados, sequenciais, impunes, que naturalizam a violência policial, as discriminações, os preconceitos, as zonas mortíferas vazadas pela artilharia, se interpõe um gesto de esperança, quiçá um corte, uma interrupção do destino pré-anunciado. Na morte do menino também há esperança de um tempo descontínuo, cujas espirais não replicam a repetição contínua da violência e prenunciam o regresso ao lar. Em reviravoltas e peripécias, interrompe-se a agônica viagem em direção à morte.

Na montagem espaço-temporal da narrativa dramática, a composição das temporalidades cria uma rica coreografia. Como em um enredo fílmico, os fotogramas se distribuem em rápidas sucessões, sejam como flashes ou sequências panorâmicas de uma narrativa vertiginosa que se move para trás e para adiante, simultaneamente, constituindo uma imagem em movimento, volátil, porosa. De repente, na última tomada da câmera, um corte. Imagem-tempo e imagem-movimento coincidem, e a montagem se redireciona em um novo alinhamento, como um friso da e na imagem, que prenuncia outro segmento, agora, sim, em sequência. O que se segue aponta para a virtualidade utópica do futuro, na qual "o relógio para de apitar. Os ponteiros se mexem bem devagar em sentido horário. É preciso ter cuidado para que o feijão não passe do ponto".[80]

No brevíssimo instante do vácuo que antecede a morte, no entre mortes, o menino de forma oracular visualiza, quase como miragem, um devir alternativo, instituindo um não lugar, um não tempo, espiralando a própria temporalidade na entropia. O tom se torna profético. A voz do menino se transforma em miríades de projeções. A memória do presente, do passado e do futuro se tornam unas num tempo-espaço já não geográfico, em uma temporalidade não capturável, que não se deixa medir pelos calendários convencionais, concretos ou simbólicos. Ali a realidade granulada dilui os vãos da pureza da imagem. Uma captura de um instante, de uma fisionomia, de um pensamento. Um friso.

Logo a seguir, a imagem-tempo se transmuta em imagem-movimento, em direção às utópicas planícies da esperança, mesmo que vaga, restituindo um corpo íntegro, recomposto, sem as valas abertas pelos disparos fatais que fatiam o corpo do menino. Em uma pausa, ainda que provisória, a narrativa intercepta o drama e introduz o *se* de uma outra possibilidade de conclusão. E interrompe o fluxo, os estampidos e os desígnios da macabra artilharia. Nós, leitores e espectadores, sabedores que somos dos engenhos da máquina social que se alimenta da morte, talvez possamos postular, na ordem da realidade e da ficção, outros ordenamentos. O texto dramatúrgico, em seus engenhosos torneios de linguagem, em sua pujante teatralidade, nos convoca para imaginar outros possíveis desfechos, menos ensombreados, restaurando nossas afecções.

---

80. Salaberg, Johnny, op. cit., p. 45.

Na teatralidade dramática da fuga, o texto produz a performatividade da linguagem, que, assim como se vestira de presente e de passado, agora recusa a fixação e o encontro dos sentidos direcionais na entropia do desfecho anunciado. E é quando o texto, teatralmente, espirala. E a ação dramática, espetacularmente, se curva em direção à utopia, reino das possibilidades abertas, ainda que incertas. E se curva em direção ao seu recomeço. Similar e diverso ao seu início, o último suspiro do menino e do texto:

> Em algum extremo da cidade, eu me levanto meio capenga em direção ao banheiro. É 1º de janeiro e ainda é possível ouvir o barulho dos fogos de artifício, sirene de viatura e a música "O que pensa que eu sou" da banda Djavú, que tocou dezessete vezes na noite anterior. Eu contei. O que não contei foi a quantidade de copos de refrigerante que bebi. Já que ainda não posso beber cerveja, eu acabo caindo na frenética do Dolly. O cheiro da fumaça da churrasqueira permanece em minha roupa.[81]
>
> [...]
>
> Olho para a geladeira e avisto um bilhete, é um lembrete que coloquei semana passada para não esquecer. Tenho que ajudar meu tio na construção de sua casa, na rua de cima. Eu pego a minha mochila, tomo o último gole de café e corro para porta. Minha mãe seca as mãos no pano de prato que está em seus ombros, abre um largo sorriso e me abraça.[82]

As modulações do discurso são várias: do indireto ao direto, ao indireto livre do tom mais íntimo e interiorizado do solilóquio de denúncia de uma comunicação arauto sobre as mazelas.

---

81. Ibidem, p. 49.

82. Ibidem, p. 51.

O autor manifesta um domínio das possiblidades de agenciamentos que tornem a enunciação complexa, multifacetada, adequando-se aos efeitos versáteis que singularizam o narrado, quando os torneios de narração enunciam a passagem do monólogo ao solilóquio, ao discurso direto, ao indireto e ao indireto livre.

Quem narra o último segmento do texto? Pode ser o menino, em seu último suspiro, pode ser um narrador indireto, tornado personagem-arauto, pode ser a voz múltipla do menino personagem/narrador anônimo, o próprio leitor, pelas vias do discurso indireto livre, num concerto polifônico de vozes que se mesclam, se confundem, como um coro virtual, um concerto de vozes. Se contrapondo à distopia, geograficamente configurada, seja no plano simbólico, seja na concretude do espaço-rua, a utopia instaura o espaço-tempo do desejo, um não lugar não necessariamente demarcado, temporal e espacialmente, mas instalado na memória do futuro. Aqui o corpo do menino é um corpo de afetos, também sonhado, desejado, recomposto pelos signos da esperança, uma possibilidade instalada pelas espirais que removem os destinos predeterminados, fixos, e instauram uma movência que mobiliza, redesenha e subverte os sombrios contextos e suas agruras. Assim escapa da catástrofe, ainda que na órbita das ficções. O sonho da utopia não abole, no texto, a morte do menino, mas aponta para a sonhada possibilidade de que não continue a se realizar, como repetição do mesmo, no devir.

O menino suspira, sonha, alucina a utopia, e remorre. E colore de suaves tons as paisagens da esperança. E nos deixa vazados de urgências, de propósitos, de consciência. E, como a arte teima fazer, faz renascer nossa própria pulsão de vida, que nos faz tecer e urdir transformações sociais, ruminar, fabular e desejar.

Macquinária 21: Bailados de luzes e sons

Macquinária 21, montagem do Grupo Oficcina Multimédia (GOM), estreou em Belo Horizonte em 21 de julho de 2016, durante o Festival de Inverno da Universidade Federal de Minas Gerais, quando, então, o GOM foi homenageado por essa Universidade. Esse espetáculo cênico revive muitos dos traços que fazem do Multimédia um dos mais importantes e expressivos grupos do teatro brasileiro e que, há mais de 40 anos, promove interlocuções primorosas entre várias partituras e idiomas artísticos, sendo vanguarda em montagens teatrais transdisciplinares e na exploração de linguagens multimídia em seu fazer teatral. Por meio de pesquisas inovadoras com materiais sonoros, plásticos e verbais, muitas vezes inusitados, o GOM realiza em suas montagens experiências cênicas envolventes e instigantes, provocando múltiplos efeitos e variadas inflexões dos sentidos e da imaginação dos espectadores.

É assim também em *Macquinária 21*. Seja em cenas às vezes autônomas, que em si mesmas contêm todo um universo de sugestões dramáticas e espetaculares, como se fossem microinstalações sonoro-visuais, sínteses de totalidades; seja quando as cenas estabelecem sintaxes subversivas que enovelam e integram temporalidades, referências dramatúrgicas e históricas diversas; sobressai em *Macquinária 21*, em seus ricos vieses de composição cênica, uma construção performática visual e sonoramente evocativa e muito potente, arquitetando o narrado.

Em seus complexos processos constitutivos, *Macquinária 21* entrecruza corpos dos atores e marionetes em uma maquinaria cenográfica composta de objetos diversos, retalhos reciclados do cotidiano, entrelaçados em coreografias ora vertiginosas, com bailados frenéticos acelerados, ora em desenhos pausados, grafados por movimentos delicados que irradiam ternas e suaves sensações. Em um *design* de luz esfuziante, luminescências muito sugestivas exploram os lusco-fuscos, sombreamentos, penumbras e focos de luz, com brilhos opacos de velas, figurinos e panarias translúcidos, criando iluminuras; esculpidas também por uma sonoridade repleta de ruídos, burburinhos ininteligíveis, toques de sinos, arrulhos, gritos assustados e assustadores, sons rascantes, cacofonias, disritmias, barulhos de pratos quebrados, recursos esses entremeados por fraseados musicais diversos.

Essa concepção cria uma espacialidade indeterminada e uma atmosfera muitas vezes sombria e fantasmagórica, habitadas por corporeidades evanescentes, como se os corpos dos atores, a parafernália de palco, os objetos mecânicos e as marionetes formassem um universo assombrado, que transita entre o real e o fantasmático, em uma ambiência de um certo realismo mágico, inspirado particularmente em *Macbeth*, de Shakespeare, mas também habitado por passagens bíblicas do cristianismo, suplementado ainda por alusões a regimes totalitários e de terror, que, como reprises, atravessam as temporalidades, impulsos bélicos que traçam um presente contínuo, reconhecível em nossa contemporaneidade. Assim, referências a um ameaçador militarismo agressor e a atos de tortura perpassam toda a montagem, tais como marchas, miras de metralhadoras, lutas de espadas, enforcamentos e outros tipos de violências, simulando um perene estado social de belicosidade e constantes ameaças de totalitarismo que provocam e alertam nossas retinas e nossa percepção sobre cotidianos a que tetricamente se assemelham.

Em suas maquinarias e engrenagens, a parafernália cênica explora a estética dos fragmentos, continuadamente reinventados em um jogo criativo de desmanches e remontagens, formando desenhos enigmáticos e figurações de uma intensa e extensa tessitura sígnica, sugestiva e, mesmo, lúdica. Sinestésica, por excelência, a paisagem cênica faz-se com o intercâmbio e combinação entre corpos e imagens, nos quais os corpos atorais, como esculturas moventes, contracenam com imagens refletidas nas telas, corporeidades estendidas, que compõem as imagens ao fundo ou a seu lado, e que reciprocamente se miram, dançam ou caminham juntas, espelhando-se. Nos sutis movimentos coreográficos que encenam esses diálogos e interações entre corpos e imagens, atores bailarinos rasgam as telas e adentram os quadros-imagem, como em uma composição fílmica na qual fotogramas ora se alinham em imagens-movimento, ora se aglutinam compondo, à la Deleuze, imagens-tempo. Um primor de concepção em que linguagens de várias artes se roçam, se entrecruzam e se compõem, mutuamente investidas de fulgor.

E o texto-palavras? Ainda que as falas sejam muitas vezes indecifráveis, a palavra aparece como relâmpagos, bordejando o olhar do espectador, às vezes em estado de poesia, em quadros, também em fotogramas que brilham como mudos pirilampos. Ao fim, o texto de Shakespeare, emoldurado por velas, como se uma pintura antiga fosse, se oferece aos nossos atônitos olhares, quase como uma miragem. E vagarosamente se desloca da moldura e emerge solitário e em silêncio, na tela-palco, lavrado de luz.

Como em toda concepção teatral do Grupo Oficcina Multimédia, dirigido pelo sofisticado refinamento estético de Ione de

Medeiros, *Macquinária 21* nos oferece uma contundente metáfora dos tempos e de suas tantas pulsões e turbulências. Como mirá-la e auscultá-la, em seu poder de liras, lumes e alumbramentos? Quiçá como um convite a uma prazerosa e pulsante fruição reflexiva e inspiradora, que também nos encanta como gestos de afeição e de reverência. Ao teatro. E ao poético.

Entre as mãos, gravitam lembranças

Mãos trêmulas, de Victor Nóvoa, é um texto dramático pungente, que se elabora a partir do encontro inusitado entre dois idosos, um homem e uma mulher, denominados Velho e Velha. De forma concisa, as cenas céleres nos apresentam retalhos da sua longeva existência e o modo como compartilham sonhos, frustrações, subjetivações, sensualidade e afetividades. A bela abertura do texto nos introduz as personagens:

> Um coro de mãos. Movem-se. Dessincronizam-se. Costuram. Cozinham. Um corpo entra. Outro corpo. Estão distantes. São vistos de longe. A Velha caminha. O Velho caminha. Sabem um do outro, mas não se olham. O tempo entra em suspensão. Não há pressa. A respiração é lenta. Veias expostas. Rios antigos. Sulcos na pele. Há um profundo presente em ato. A Velha caminha. O Velho caminha. Se aproximam. Quase não há futuro. Só há o que se vê. A Velha caminha. O Velho caminha. Estão mais próximos. Ela te vê, ele também. A Velha vê a todos, o Velho também.[83]

O Velho, um ex-cozinheiro, agora desempregado e sem moradia. Ela, costureira de figurinos teatrais em vias de ser despejada

83. Nóvoa, Victor. *Mãos Trêmulas/Manos trémulas*. Ed. bilíngue. São Paulo: Patuá, 2024, p. 13.

por inadimplência. Uma situação limite para ambos que se abrigam na casa onde a Velha reside há mais de 60 anos. Absolutamente sós e esquecidos, suas mãos, cansadas e frágeis, são testemunhas da total situação de desamparo em que se encontram. Mas suas mãos são também expressões de seus corpos ativos, pulsantes de eros, dois corpos ardentes que, sem falsos pudores, se acariciam, se juntam em ternos enlaces, cantando o amor, a resiliência face ao declínio, ironizando seu iminente descarte, como se restos sociais fossem.

Entrega as mãos para o Velho.

VELHO: Bonitas.

VELHA: Já foram firmes.

VELHO: Gosto como tá. Tá bom sempre como tá.

VELHA: A história dessas mãos é antiga. A mão nunca vem só, tem sempre as que vieram antes, abrindo caminho pras mãos que tão pra vir.

VELHO: Uma mão lava a outra e as duas a cara.

VELHA: Velho tonto.

Longo silêncio.

VELHA: E aí? O que minhas mãos te dizem.

VELHO: Dançam.[84]

Entre as memórias do passado e do futuro, tecidas como falas e fotografias, que mais parecem fotogramas em movimento, os

---

84. Ibidem, p. 14.

velhos vestem as paredes com suas lembranças. Deslizando pelos aromas da comida, que simula sua última ceia, e pelo canto romântico de Alcione, os dois recosem o itinerário de suas temporalidades enoveladas, dançam, e se sustentam afetivamente. Com fina ironia, predispõem seus frágeis, mas ainda desejantes corpos, às pulsões de vida que os alimentam, em contradição com o declínio da existência ali também convocada pelo abandono social. Dois sagazes e comoventes personagens, de humor sarcástico, que se refletem, e se divertem com suas ternas memórias, paixões e desencantos. E que planejam uma saída de cena como se a vida se transformasse em um espetáculo teatral, de ambivalentes alusões e sentidos.[85]

> VELHA: Eu costuro pra teatro há mais de sessenta anos. Mais de sessenta anos. Já fiz peça triste, peça de comédia, de drama, tragicomédia, tragicomédia dramática musical. Até ópera. Senti que cada vez menos iam me chamando. Reclamavam que eu demorava, que o corte não ficava reto como antes e que os pontos ficavam soltando. [...] Tô pra ser despejada. [...] Olho para as minhas mãos. Elas tremem. Eu choro.
>
> [...]
>
> VELHO: Meu último trabalho foi num restaurante nos Jardins. Eles já tavam reclamando que minha mão tava mole demais, devagar demais pra pressão da cozinha. Eles foram me tirando das funções que eu mais gostava.[86]

Em um ritmo frenético, as repetições de falas enovelam a temporalidade sinuosa, entrelaçada por recordações, mementos.

---

85. Ibidem, p. 17.

86. Ibidem, pp. 18-9.

Assim projetam o futuro oracular já anunciado como batimentos sonoros de um agora agônico e avassalador que compõe a angústia do presente e sua inexorável antecipação do tempo do despejo, e da morte presumida, evocados como sonhos e delírios. Ou como desfecho prenunciado?

> VELHO: Tão batendo na porta.
>
> VELHA: Deixa.
>
> VELHO: Vão arrombar.
>
> VELHA: Deixa.
>
> VELHO: Como assim? Não vou deixar.
>
> VELHA: Não faz o velho machão.
>
> VELHO: A gente explica tudo.
>
> VELHA: Não tem que explicar. Tu passou a vida toda dando explicação. Pelo menos nessa hora, não tem o que explicar.
>
> VELHO: Deve ser o oficial de justiça pra despejar a gente?
>
> [...]
>
> VELHA: Aperta bem forte a minha mão.[87]

Tudo ao final se precipita. Dramaticamente, a resolução parece inevitável. O texto deixa entrever que os dois se suicidam. Abraçados. Mas socialmente seria essa uma solução? O autor nos indaga, nos compele. Um texto reflexivo e amoroso. Uma dramaturgia envolvente, que nos convoca e enternece, pois também nos faz idear uma digna e plena velhice.

---

87. Ibidem, pp. 34-5.

IV. INSTÂNCIAS E PAISAGENS

Vi terras da minha terra
Por outras terras andei.
Mas o que ficou marcado
No meu olhar fatigado,
Foram as terras que inventei.

Manuel Bandeira

Os falseios da mimese em *Joias de família*, de Zulmira Tavares

A narrativa de *Joias de família* abre-se como uma moldura, apresentando-nos a protagonista, Maria Bráulia, no seu quarto--camarim, preparando-se para receber o sobrinho:

> Maria Bráulia — de velhice definida mas idade não declarada, com movimentos seguros e rápidos, acompanhados de tapinhas, faz aderir ao rosto o seu segundo rosto, o "social", de pele entre o rosa e o marfim, boca e face rosadas. Os cílios com rímel espevitam o azul dos olhos e atiçam o amarelo pintado dos cabelos. Com o rosto social mais uma vez encenado, o outro, estritamente particular, recua, como acontece todas as manhãs, e é esquecido imediatamente por sua dona. Um rosto que de tão pouco visto por terceiros adquire a mesma modéstia do corpo murcho; e assim, trazê-lo à luz do dia, sustentá-lo sobre o pescoço como se fosse a coisa mais natural do mundo (o que vem aliás a exatamente ser), exibi-lo para algum outro, ainda que muito íntimo, como sobrinho, lhe parecia um ato da mais absoluta e indesculpável falta de pudor.[1]

1. Tavares, Zulmira R. *Joias de família*. 4. ed. São Paulo: Brasiliense, 1995, pp. 5-6.

Esse quadro que inaugura a figura pública da personagem introduz o leitor no universo de construção mimética do texto, pela recorrência a um elemento próprio ao jogo teatral: a máscara dramática. Por esse artifício, a cena emoldurada configura uma das lógicas de criação da realidade construtivas da fabulação textual: a ordem da simulação, do "como se", que preside as fulgurações do narrado e da narração de modo especular. Por um viés narrativo, sugere-se o real como máscara, uma verdade simulada pela potência da ação de fingir, dínamo que move as relações sociais, os papéis e as personas do sujeito, as hierarquias e os valores culturais de todas as representações sociais na esfera pública, visível e sensível. A essas máscaras sociais ajusta-se um sentido corrente, resultante, por sua vez, de semiose, que produz modos de realização da *imitatio* através de duas estratégias retórico-discursivas, interligadas e intercambiáveis: a da simulação, que esculpe o efeito do real; e da dissimulação, que impõe o efeito de dúvida sobre o que, tido como real, deve ser apreendido como ficção. Pelo jogo da simulação, a linguagem e os cenários enunciam a aparição do real, sempre dúbio; pela dissimulação, instaura-se a sua ilusão permanente. A lógica do "como se" configura esse jogo de espelhos nas modulações romanescas e na elaboração da reminiscência do vivido:

> Maria Preta é como se fosse da família. Em algumas circunstâncias isso quer dizer exatamente o que se enuncia: que Maria Preta é como se fosse da família. Em outras, que Maria Preta não é como se fosse da família, uma vez que não é da família, é apenas "como se fosse".[2]

---

2. Ibidem, pp. 6-7.

Nessa sintaxe do "como se", o discurso narrado figura o real perceptível na ordem da mentira: o texto finge, as palavras mentem, o olhar engana e os sujeitos simulam. Ou ainda: a realidade percebida — visível — é pura aparência, película que reveste o sensível, tecido sempre por engenhosos atos de ficção. Numa inversão da sintaxe platônica, o real se tece nas sombras e só sua imitação verossímil, que tem estatuto de verdade, brilha na transparência da aparência, ou seja, no simulacro. Assim concebida, essa lógica mimética realiza-se pela superposição de enunciados e qualidades sobre os mais variados referentes, objetos e personagens, sempre recoberto por camadas de significância e de valor reificados e/ou ajustados conforme a convivência ou as contingências sociais. Os sentidos são aí veiculados pela lógica da simulação e da dissimulação, lógica essa que oscila entre a retórica do convencimento, fundada pela persuasão argumentativa que designa os seus referentes; e a recorrência do discurso da dúvida, que desrealiza e dissimula.

Por um viés diverso, a essa lógica mimética acopla-se um modo alternativo de percepção que institui, na narrativa, um outro movimento conceitual: a apreensão do real como uma dobra, uma sintaxe que mina, ou, pelo menos, rasura, as noções usuais de verdade e de mentira como operadoras da *imitatio*, nivelando-as hierarquicamente e explicitando os modos de figuratização da realidade. O primeiro modo de percepção do real funda-se num jogo conflitivo que impõe um distanciamento entre o verdadeiro e o falso, o modelo e a cópia, ajustando-se os sentidos aos efeitos de realidade construídos pela retórica de persuasão, que mantém o real como ideia. A segunda lógica, também matematicamente construída na fabulação textual, abusa de recursos da teatralidade para fazer transbordar a natureza da veracidade e do verossímil, minando o estatuto e o fulgor do real. Sem pouso fixo, tornando cinético, o real só pode, então, configurar-se como ensaios, dobras, instâncias não mais da verdade e do logos, mas, sim, do logro e do gozo. Na narrativa de *Joias de família*, a primeira lógica está associada à figura masculina e à ordem paterna, enquanto a segunda constitui a série feminina, a do parricídio e das dobradiças. Ambas são tecidas em função da existência e da qualidade de um anel de rubi, objeto simbólico, cuja natureza oscilante é determinada pelas convenções miméticas que o representam e que, simultaneamente, erigem socialmente os sujeitos em seu entorno.

Mimese paterna: a ordem das sombras

No texto, fingir a realidade, milimetricamente, construindo-a por cenários, é uma técnica associada à herança patriarcal, assimilada, no entanto, pelas mulheres com maestria. A lógica da simulação instaura a teatralidade do vivido e é passada, como herança, de um personagem a outro. Maria Bráulia aprende as táticas "aos poucos, 'por contágio', no convívio de anos com o juiz seu marido, muito mais velho, e que sempre fora nesse campo, mestre".[3] Assim:

> As mentiras de Maria Bráulia, como as de todos os bem-sucedidos e experimentados mentirosos, geralmente não são formadas por uma peça só, contêm vários elementos, muitos verdadeiros, e sob esse aspecto pode-se observar nelas algumas semelhanças com os rubis

3. Ibidem, p. 20.

falsos ou semifalsos em montagens do tipo dublets e triplets. Maria Bráulia por exemplo sofre de enxaquecas, o que não quer dizer que sempre quando anuncia a proximidade de uma crise isso seja a expressão da verdade. Ou pode juntar sintomas verdadeiros, mal-estar generalizado, leve enjoo etc., a uma enxaqueca inexistente.[4]

Exímio na arte de simular o real em montagens-cenário, Munhoz, o marido, também é mestre na criação de aparências, por meio das quais exerce o domínio e controle sobre a realidade e seus possíveis sentidos. Por ocasião do noivado, ele presenteia Maria Bráulia com um anel, "autêntico rubi sangue-de-pombo".

A aliança abre as portas da família quatrocentona ao juiz apagado, sem tradição familiar. Para proteger a "joia", o juiz afirma ter mandado fazer uma réplica perfeita da mesma, que a esposa deveria sempre ostentar, guardando no cofre bancário o original. Maria Bráulia não distingue a joia do seu simulacro, tão idêntica quanto a imitação. Como duplo perfeito do modelo, a cópia provoca o mesmo encantamento e fascínio, simulando o que não é (uma joia) e dissimulando o que é (uma fantasia): "Os pais sabiam que só as gemas de grande valor faziam-se merecedoras de uma cópia e assim passaram a olhar para a imitação com respeito ainda maior do que aquele que na véspera haviam olhado para o original."[5]

Na viagem de núpcias, por um descuido, o anel se extravia. Como é cópia, não é original, o consolo é fácil. Far-se-ia outra réplica. Já que o real não é dado a ver, por só existir na sombra do cofre, sua falsa presença pode existir *ad infinitum.* O joalheiro,

---

4. Ibidem, pp. 19-20.

5. Ibidem, p. 24.

no entanto, revela que o próprio juiz não distinguira as peças. E guardara no cofre a cópia. Maria Bráulia, portanto, ficara sem a joia legítima. Perdido o real, confundido com a representação, resta apenas o simulacro, ocupando, para sempre, o lugar de referência e de verdade. O encanto do olhar alheio será, a partir de então, construído pela persuasão retórica — a linguagem criará o efeito de um real já desaparecido, mas reificado e encenado pelo jogo de sua ausência e presença imaginárias. O falso brilhante passa a transitar fantasmaticamente por todas as cenas, ora como o original, ora como o seu simulacro. Desse modo, as ações miméticas que fundam as representações do objeto projetam o real como efeito de uma perene ilusão retórica, e de ótica, pura imagem. Perdida como referência, a verdade se instala como ideal da aparência, produto da meia-luz e da linguagem. Se, assim, a réplica confunde-se com o modelo, e se a verdade não está mais no objeto sensível (o anel), o real desloca-se para o sentido, sempre fugidio, no qual o objeto (factual ou fictício) se encosta, por aderência. Perdida a luz, restam as sombras e só elas presidem a criação da ilusão do real e de seus efeitos. Só elas instauram a realidade como imagem, duplo-fulgor, significante desreferenciado e vazio, mas pleno de sentidos: "Os duplos desses objetos todos ganhando vida própria e circulação independente, produzindo um vago zumbido em sua cabeça (talvez o embrião das futuras enxaquecas)."[6]

Somente tempos mais tarde, Maria Bráulia irá descobrir que o rubi, afinal, nunca existira, havendo, desde sempre, apenas a sua ideia, depositada na aparência da bijuteria e nos enredos engenhosos do marido. Ela sabe, então,

---

6. Ibidem, p. 26.

que o rubi que ficara guardado no Brasil [...] e o que viajara com ela e fora roubado na Suíça [...] vinham a ser um só rubi e não vinham a ser rubi nenhum (como nunca houvera cofre de banco algum). E mais: que o anel que ia e vinha — colocado, trocado, guardado, sumido, roubado — o era sempre pelas mesmas mãos, aquelas mesmas que a haviam amparado um dia, impedindo que caísse ao descer timidamente os degraus do altar, longas, aristocratas, escuras, maceradas, encordoadas por veias azuis, mãos de terracota, de marido e juiz.[7]

Na natureza falsa da pedra, Maria Bráulia desvela o caráter do próprio marido, vislumbrando, ainda, as estratégias e artifícios das criações miméticas de Munhoz e a maquinaria cênica de seus jogos semânticos: pela astúcia mimética de Munhoz, o visto, que tem aparência de verdade, torna-se pura ficção, mas impõe-se como real pela potência da simulação; assim como a verdade, pela dissimulação, metamorfoseia-se em mentira, ou, no mínimo, em ilusão. Nessa correspondência, uma equação se estabelece para a protagonista: a veracidade e o verossímil, os modelos e as suas imagens, o real e a fantasia se equivalem, por simetria, na série que discursivamente os institui. Por analogia, ela conclui que nesse aspecto especular, abismático, o falso rubi figura o próprio marido, pois "a natureza da pedra era a natureza do juiz".[8]

E é nesse percurso da transparência às sombras que Maria Bráulia reconhece todo o aparato das teias e tramas fictícias bordadas pelo marido, como um deus *ex-machina* euripidiano. Nesses arranjos, outra silhueta de Munhoz se delineia à meia-luz, as suas próprias preferências sexuais:

7. Ibidem, p. 30.

8. Ibidem, p. 31.

> Uma ocasião, tempos depois do casamento, em um dia em que o marido trabalhava em casa, ao abrir a porta do escritório o surpreendera com o seu secretário particular, entretidos ambos numa espécie de ginástica rítmica conjunta, de natureza obscura. Ao darem pela sua presença separaram-se imediatamente. A luz àquela hora era pouca no escritório (a lâmpada de leitura não estava acesa, o que acontecia mesmo nos dias curtos e sombrios de inverno, às vezes devido à distração do juiz, freqüentemente à sua obstinação em só usar eletricidade quando fosse noite fechada) e assim no resto da tarde ela meditou no que havia entrevisto.[9]

Entre a cena dos afagos e seu sentido, instala-se a palavra mediadora do marido que traduz o ato e molda uma possível interpretação, figurando a lógica mimética que lhe interessa imprimir no olhar público:

> À noite, durante o jantar, o Munhoz explicou-lhe tranqüilamente que o secretário também era fisioterapeuta e que ele, juiz, precisava de constantes exercícios relaxantes e ativadores da circulação, particularmente necessários com a vida sempre tão sedentária que levava, de tantas responsabilidades e com tão fortes tensões morais.[10]

Na construção da mimese paterna, a aparência pode passar por verdade (no caso do anel), assim como a verdade pode ser tida como ilusão (a relação homossexual). Como a verdade, sempre nebulosa e turva, deslocara-se do referente (o visto) para o sentido (apreensível), o real só pode figurar como engano, sendo,

9. Ibidem, p. 20.

10. Ibidem, pp. 20-1.

portanto, o resultado de uma dúvida, de ambivalência e indiscernibilidade:

> Com o tempo ela foi compreendendo o sentido dessa e de outras cenas um tanto bizarras que às vezes ainda lhe ocorria presenciar (ou suspeitar); nada de grande vulto, uma preocupação desusada do secretário com a nuca do juiz, a sua mão que ali às vezes se detinha demoradamente pesquisando com a ponta dos dedos algum ponto enrijecido, pés que se embarafustavam na jurisdição de outros por debaixo da mesa, coisa de pouca monta. Ainda assim, por longo tempo lhe sobrou alguma dúvida a respeito de tudo aquilo, pois os que sofrem a ação da mentira, tanto quanto os que as inventam, mentem também para si mesmos e defendem-se dos efeitos devastadores da verdade inoculando em si próprios, regularmente, pequenas doses de ilusão.[11]

Munhoz não apenas instaura o efeito de dúvida, mas é também por ele engolfado, preso nas malhas da confusão que criara, enredado pelo seu próprio jogo de superposição de máscara e personas:

> O juiz Munhoz ia e vinha pelo escritório, ia e vinha, mas não se decidia se em sua vida o dolo ou o decoro teria se sobressaído. Ou se apenas o decoro existira para esconder o outro, o dolo, como se isso fosse possível, ou, a vida, meu Deus, a vida.[12]

11. Ibidem, p. 21.
12. Ibidem, p. 59.

A necessidade da escolha e sua agônica impossibilidade, frutos da lógica da dúvida, ludibriam o seu próprio mestre. Mas será outra lógica, ou percepção da realidade, que moverá Maria Bráulia, aprendiz e trapaceira do jogo paterno, teatralizado na série masculina do texto. Ela, por sua vez, instala uma zona própria de mediação do real que burla a herança paterna; uma zona parricida que arruína a série masculina e os paradigmas do casamento, da sociedade e da cultura.

A desordem das coisas: as dobras do real

Maria Bráulia conhece e aprende a lógica de simulação: sabe ser falso o anel e fingido o marido. Longe de qualquer arroubo denunciador da farsa, Bráulia cala-se, compactua, cúmplice de um jogo que leva à radicalidade, exaurindo-o: mantém o anel falso e o marido inútil, torna-se amante do joalheiro.

> A essa altura da sua crescente intimidade com A VIDA (alguns anos então se haviam passado), Maria Bráulia Munhoz naturalmente já não era mais a bobinha dos seus anos de recém-casada. Assim, quando o Munhoz lhe dizia (cada vez mais a propósito de tudo e de nada) que um juiz julga secundum aequitatem, segundo o sentimento que tem do que é de direito, ela baixava modestamente a cabeça como sempre, mas não em sinal de respeito como supunha o marido, e sim de dissimulação, pois o latim lhe soava (apesar do cuidado que o juiz tinha, cada vez, de traduzi-lo imediatamente em seguida para ilustração da mulher) com um timbre esquisitamente lascivo. É que por essa época a cortina das noites de breu de Maria Bráulia já começava a crepitar com o que logo mais seria o grande fogaréu

alastrando-se por horas e horas inteiras da sua existência e onde também já se distinguia, iluminada pelas cores vivas e alegres do fogo, a figura encantadora do joalheiro Marcel de Souza Armand.[13]

Mortos o juiz (fulminado ao assistir pela TV uma luta de boxe) e o amante (desaparecido em um naufrágio), Maria Bráulia vê os anos calmamente passarem. No cenário do apartamento, guarda, no cofre, a pedra falsificada, doada pelo marido, perenizando o efeito de ilusão sobre o seu suposto valor. Em meio às quinquilharias, no entanto, deposita o seu bem mais precioso, um legitimo rubi cantochão, presente do joalheiro, nunca trazido à luz e mantido aparentemente invisível em meio às peças de fantasia. No espaço público, expõe o rosto social, minuciosamente maquiado, aéreo, enganoso e enganável; na intimidade do quarto, desnuda as suas outras personas, suas qualidades escondidas e a engenhosidade de suas tramas. Com esse jogo, esquiva-se da ganância do sobrinho e, sem sentimento de culpa ou frustração, teatralmente, goza as memórias, falsas ou verdadeiras, que tece para os outros. Assume o rosto público e o íntimo como representações, vivenciando o mundo como palco, não mais por um efeito de identificação especular entre o ator e o personagem, mas pela via sinuosa e crítica do distanciamento épico, brechtiniano. Ela sabe-se atriz e desdobra de si suas personas, com as quais se deleita.

Terminada a operação-cofre Maria Bráulia começa os preparativos para dormir. Camisola e robe já vestidos ela passa uma fita rosa nos cabelos amarelos puxando-os para trás. Então com um pedaço de

13. Ibidem, p. 33.

> algodão molhado no líquido branco cheiroso vai apagando cuidadosamente do rosto, aos poucos, aquelas cores vivas e alegres, como faria o gerente de uma casa de espetáculos apagando uma a uma as luzes, primeiro do palco, depois dos corredores, da sala de espera, do pórtico. No espelho resta então alguma coisa tão esvaziada e quieta como a fachada de um teatro às escuras. Mas não é a mesma coisa, pois enquanto no teatro o espírito do espetáculo vai indo embora junto com o público que se retira, ali no fundo do espelho começa a surgir daquelas formas apagadas, mal definidas e rugosas como o interior pálido das ostras, um espírito muito fino, animado e alegrinho, um espírito licoroso, uma destinação de natureza especial.[14]

Nos atos de fingimento, Maria Bráulia trapaceia a lógica patriarcal, repetindo-a em diferença e esvaziando-a em seu sentido original. Na ordem paradigmática presidida pelo juiz, todo conflito é jurídico e demanda uma escolha — há sempre que decidir entre o "falso" e o "verdadeiro", turvados e confundidos pela persistente dúvida. Por isso, importava tanto para Munhoz tentar separar o joio do trigo. Daí a sua última sentença: "in dubio pro reo".[15] Para Maria Bráulia, esse conflito efetivo de dúvida não se instala, pois o real (nunca um ideal) não se define como o lugar do logos, mas como uma possível dobra. Mais que uma semântica, é uma sintaxe. E é como uma dobra que o real repousa, quer no anel de rubi (simulacro), quer no rubi cantochão (original), ambos com o mesmo poder de asserção e significância da sintaxe das relações sociais que a protagonista experimenta e rege. Para Maria Bráulia, a diferença do

---

14. Ibidem, pp. 41-2.

15. Ibidem, p. 60.

mimético "não corresponde a algum real; é uma sintaxe e não uma semântica, que, para circular, necessita semantizar-se, i.e., ser preenchida pelos interesses do leitor, sendo própria desta semantização sua mutabilidade histórica".[16]

A lógica presidida por Maria Bráulia não é, pois, jurídica, mas dramática, tragicamente dramática, na qual não importa qual a sentença em si, mas a interpretação do conflito que a experiência humana impõe e que o sujeito em sua alteridade singular vivencia. Segundo ainda Costa Lima, no processo judiciário "enfrenta-se uma questão controversa para daí retirar-se uma sentença". Na tragédia clássica, por outro lado,

> a "sentença", quando há, é um mero recurso de encerramento do *mythos* do enredo. Nela, o decisivo não é a afirmação de que uma parte tem a sua pretensão sancionada contra a pretensão da contraparte, mas a reflexão do próprio conflito [...]. O produto mimético é um microcosmo interpretativo de uma situação humana. Nela, o que mais importa não é a declaração de quais os vencidos e quais os vencedores, mas o entendimento do que leva à porfia e à tensão.[17]

A diferença entre Maria Bráulia e o juiz sustenta-se, pois, pela sua experiência diversa, como agentes e intérpretes dos processos de criação mimética, no âmbito da linguagem e da práxis social. Para o juiz Munhoz, a lógica da realidade demanda uma solução decisória, pela qual se elide o suposto real de seus simulacros, na busca agônica da verdade, confundida entre luzes e sombras,

---

16. Lima, Luiz Costa. *Mimeses e modernidade: Formas das sombras*. Rio de Janeiro, Graal, 1980, p. 51.

17. Ibidem, p. 23.

mas, em algum lugar, depositada. Para Maria Bráulia, não há hierarquias entre modelos e réplicas, mas apenas ancoragens de significados que convencionalmente ali se depositam, substituíveis e manipuláveis no jogo mimético que se produz face às situações e contingências. Ao manter o fetiche do falso anel de rubi, sem suspender o seu valor de mercado e seu enigma, ela conserva o próprio sentido em repouso, até que o mesmo se esvazie ou relativize não pela astucia mimética da simulação, mas pela constante plissagem e burla da linguagem que o mobiliza. De modo singular, ela amplia as possibilidades de ressignificação do vivido, realçando, assim, a potencialidade das dobras e dobradiças do real. Nisso rasura a ordem paterna, com encanto e deleite, experimentando-se como um outro para saber-se, nesta alteridade, a si mesma.[18]

A ficção de Zulmira Tavares prima por esses recursos de deslocamento das noções usuais da mimese e das convenções que regulam o sujeito e seu olhar sobre a vida e as coisas. Segundo César Guimarães, Zulmira Ribeiro Tavares "concebe o trabalho da ficção assentado no domínio de um 'imaginário figurativo' que, ao ultrapassar uma simples mimese figurativa, encaminha-se para a complexidade das abstrações (com a prevalência do domínio sintático sobre o semântico)".[19] Na sintaxe que figura a artesania da memória em *Joias de família,* as imagens dos objetos que pulsionam a construção da experiência do sujeito, no passado, e seu rearranjo no presente, são figurinos tecidos por vários adereços significantes, sempre ajustados e significados à sombra

---

18. Ibidem, p. 60.

19. Guimarães, César. *Imagens da memória entre o legível e o visível.* Belo Horizonte: Editora UFMG, 1997, p. 189.

das contingências, criando, assim, para o olhar espectador, um perene motivo de encantamento. E o encantamento, nesse caso, "é sempre efeito de uma representação pictural ou escultural, capturando, cativando a forma do outro, sobretudo em seu rosto, na sua face, fala e olhar, boca e olho, nariz e orelha: vultus".[20]

Como vultus, a reminiscência do objeto e da experiência, sempre desdobrados, possibilita "àquele que se lembra o domínio de suas lembranças".[21] Com esse domínio do vivido, experimentado como pura representação, Bráulia, "um defuntinho de pé", assim como o cisne de Murano, seu objeto de contemplação e prazer, burla, no interior de sua própria sintaxe, as leis sociais e a ordem da cultura, não mais à semelhança do juiz, seu marido, mas tal qual ela mesma, uma mulher desdobrável, movediça, que estarrece "por afrontar as leis da natureza e os costumes dos homens".

> É muito tarde. Várias cabeças rolaram. Uma fora da vida, outras nos travesseiros. Só a do cisne de Murano permanece erguida. A madrugada chega. As cortinas estão afastadas e de fora avança a sua luz branquicenta descendo na sala. Empresta ao cisne de Murano a qualidade macia do que é de carne e das penas ao mesmo tempo que lhe rouba a aparência da vida emprestada; tão descorado se acha quanto um frango de pescoço torcido sem pinga de sangue. Estarrece por afrontar as leis da natureza e os costumes dos homens. Um defuntinho de pé.[22]

---

20. Derrida, Jacques. *A farmácia de Platão*. São Paulo: Iluminuras, 1991, p. 90.

21. Guimarães, César, op. cit., p. 191.

22. Tavares, Zulmira R., op. cit., p. 81.

Gravuras da voz: Solano Trindade

Solano Trindade, poeta do povo, Solano Trindade, poeta popular. O que esses epítetos nos dizem do poeta pernambucano de nascimento, que foi teatrólogo, ator, pintor, fundador de organizações de militância negra, agente cultural, defensor intransigente da liberdade, da liberdade do ser, da liberdade de expressão, da liberdade estética? Como nomear esse poeta utópico, defensor intransitivo de sua ascendência africana, de seu requinte de negrura? Como designar a poesia que ele próprio designara cantares do seu povo? Como montar a sua cena, no cenário europeizado da literatura e do teatro brasileiros?

> Agrada-me ser chamado de poeta negro, poeta do povo, poeta popular. Isso me dá uma consciência exata do meu papel na defesa das tradições culturais do meu povo, na luta por um mundo melhor.[23]

Em um dos seus últimos poemas, "Racismo consequente", de 1967, Solano assim se desenhava:

> Não me envergonhei da minha velhice
> Hoje admiro os meus cabelos brancos
> A minha soberba barba

23. Trindade, Solano. *Cantares ao meu povo*. São Paulo: Brasiliense, 1981, p. 8.

Os meus serenos olhos
Dá uma música nova na minha voz
Dá uma juventude solene na minh'alma
A poesia é minha grande fortuna[24]

Naquela época, já ameaçado pela doença, solitário e triste, esquecido dos becos, bares e batuques, da alegria juvenil que marcara grande parte de sua vida, Solano, em seus últimos poemas, escreve como se ditasse um inventário da vida, da sua poesia, de sua arte, de suas utopias. A biografia seca, minimalista, vem pontuada pela fina ironia e pelo sarcasmo que marca toda a poética; um olhar ferino, mas ainda assim generoso e terno, sobre os seus entornos:

O tempo volta numerado
Contando histórias
Dizendo verdades
Estive muitas vezes preso
Perdi um filho na cafua
Na epidemia
Dos acidentes
Com um tiro no coração
(eu já era cardíaco)

Nunca vendi o meu pensamento
Nem em prosa nem em verso
Tive um amor em cada fase da vida

---

24. Ibidem, p. 96.

Nunca matei ninguém
Fiz alguns poemas
Puxei loas em grande parte do mundo[25]

O menino Francisco Solano Trindade, que nascera no bairro de São José, em Recife, do signo de leão, filho de operários, em plena revolução, em 24 de julho de 1908, tinha por mãe a mameluca Emerenciana Quituteira, dona Merença, "nascida de índio e africano", que gostava de contar e de ouvir histórias, povoando a mente dos filhos com o universo das narrativas mitopoéticas do maravilhoso das tradições indígenas e africanas; e, por pai, o sapateiro, "especialista em Luís XV", Manuel Abílio Trindade, nascido "de branco e africano" que falava nagô e, "nos dias de folga, dançava pastoril e bumba meu boi e levava Solano para ver as danças populares", iniciando-o no âmbito da cultura que fertilizaria, posteriormente, a sua poesia, seu teatro, suas opções estéticas: "O bairro de São José, no Natal, era pastoril, fandangos, bumba meu boi, presépio cheio de lapinha e mamulengos. O moleque Solano, no carnaval, via o frevo Vassourinhas, Pás Douradas, Lenhadores, Toureiros."[26] Solano celebrava sempre e com orgulho os seus ascendentes, sua herança cultural indígena e sua africanidade em suas múltiplas geografias:

Eu nasci
No início do século
(Revolução operária)

---

25. Ibidem, p. 83.

26. Faria, Álvaro Alves de. "A poesia simples como a vida". In: Trindade, Solano, op. cit., p. 15.

Nasci no bairro de São José
Recife Pernambuco Brasil
[...]
A minha mãe
Foi operária cigarreira
Da fábrica Caxias
Nascida de índio
E africano

Meu pai
Foi sapateiro
Especialista em Luís XV
Nasceu de branco e africano
Sabia falar em nagô[27]

Solano fez o curso de propedêutico (equivalente ao Ensino Médio atual) e, ainda, um ano de desenho no Liceu de Artes e Ofícios de Recife. Em fins da década de 1920, em uma revista do Colégio XV de Novembro, de Garanhuns, publicou seus primeiros poemas, de tons místicos. Militante ativo na ambiência cultural dos anos 1930, foi um dos organizadores, em 1934, do I e do II Congressos Afro-Brasileiros, em Recife e Salvador, respectivamente, daí retirando subsídios para o agenciamento político racial e cultural no qual já se engajara. Com o pintor Barros Mulato e o escritor Vicente Lima, funda, em Recife, em 1936, a Frente Negra Pernambucana e o Centro de Cultura Afro-Brasileiro, que visavam, segundo Álvaro Alves de Faria, "divulgar todo o trabalho dos poetas e pintores negros". A conscientização pa-

27. Trindade, Solano, op. cit., p. 91.

cífica político-racial da sociedade e a ênfase na perspectiva pedagógica como meios no processo idealizado de transformações sociais e nas relações raciais, um dos traços mais marcantes do engajamento de Solano, por toda a sua vida, tornam-se já evidentes num dos editoriais do Centro de Cultura: "Não faremos lutas de raças, porém ensinaremos aos nossos irmãos negros que não há raça superior e nem inferior, e o que faz distinguir uns dos outros é o desenvolvimento cultural. São anseios legítimos, a quem ninguém de boa-fé poderá recusar cooperação".[28] No mesmo ano publica seu primeiro livro, *Poemas negros*, cujo título já epistemologicamente reivindica a negrura como um dos tônus e marcas na construção de uma imagem poética.

Em 1935, casa-se com Maria Margarida. Os fins dos anos 1930 e início dos anos 1940 marcam o início do itinerário mambembe de Solano. Muda-se para Belo Horizonte, mas, logo depois, descoloca-se para Pelotas, no Rio Grande do Sul, onde foi cocriador do grupo de Arte Popular. De Pelotas, volta a Recife, também por pouco tempo, e em 1942 já o encontramos no Rio de Janeiro, onde expõe as pinturas, fixando residência em Caxias. No Rio, alia-se a artistas e militantes, participando do II Congresso de Escritores. Em 1944, publica *Poemas de uma vida simples*. O poema "Tem gente com fome" encontra grande ressonância e, como um manifesto poético, é recitado e declamado não só em ambientes festivos, como também em movimentos e atos políticos de protestos e reivindicação social, o que acarreta a prisão do autor, acusado de agitador, e a apreensão dos livros. Em 1945, participa das atividades do Teatro Experimental do Negro (TEN), fundado por Abdias Nascimento no ano anterior, do qual se distancia

28. Faria, Álvaro Alves de, *op. cit.*, p. 15.

pouco depois. Ainda em 1945, "funda o Comitê Democrático Afro-Brasileiro, com Raimundo Souza Dantas, Alair Custódio e Corsino de Brito".[29]

Álvaro Alves de Faria descreve Solano como "um amante da vida e a ela se agarrou com as suas sandálias de couro, sua calça larga, seus olhos miúdos e suas mãos de leves acenos".[30] Nas litografias da filha, Raquel Trindade, a barba soberba e solene toma o rosto moleque, de olhar atento e terno. O bico de pena do amigo Miécio Táti configura o retrato do poeta de 1948:

> A pele esfumaçada, os olhos distantes e tristonhos, poucos dentes e maus; o cabelo cortado rente, já meio sarapintado e algumas vezes protegido por um feltro vermelho; e parece que quando anda, desliza pelas nuvens de tão manso que vai. Se lhe pusessem uns óculos e lhe enrolasse o corpo em pano branco, cá teríamos um Gandhi. Sobraçando uma pasta onde carrega os sonhos — alguns versos ou papéis sobre o teatro que fundou —, poderia ser fundido como símbolo de bronze da paciência tradicional de um povo, artista ou não artista, à espera de bons dias.[31]

Em 1949, chega a integrar o grupo de artistas que ensaiava *Rapsódia*, primeiro espetáculo do então recém-criado Teatro Folclórico Brasileiro, fundado, entre outros, por Haroldo Costa, outro dissidente do TEN. Solano rompe também com Haroldo

---

29. Camargo, Oswaldo de. *O negro escrito. Apontamentos sobre a presença do negro na literatura brasileira*. São Paulo: Secretaria de Estado da Cultura, 1987, p. 80.

30. Faria, Álvaro Alves de, *op. cit.*, p. 7.

31. Ibidem, p. 14.

Costa, por divergências quanto aos rumos do Teatro Folclórico, e, em 1950, com a terapeuta ocupacional e coreógrafa Maria Margarida, sua esposa, e com o sociólogo Edison Carneiro funda o Teatro Popular Brasileiro. Em depoimento em 1988, Haroldo Costa assim se refere à polêmica e controversa participação de Solano no espetáculo *Rapsódia*:

> Solano montou um quadro de maracatu e outro de pregões de Recife (ele era recifense), para o Teatro Folclórico, mas discordava da linha do espetáculo, achando-o muito comercial: queria uma coisa mais folclórica e mais pura e fundou o Teatro Popular Brasileiro. Mas depois foi trabalhar comercialmente com Silveira Sampaio, fazendo exatamente o que antes havia renegado.[32]

Essas duas passagens meteóricas de Solano por dois dos grandes movimentos estéticos dos anos 1940, liderados por artistas negros, o TEN e o Balé Brasiliana, evidenciam o perfil estético incomodado e pouco conformado do autor, que parece então buscar caminhos diferentes dos propostos por Abdias Nascimento e Haroldo Costa. O poeta pernambucano almeja transcriar nos palcos a herança cênica e performática das tradições culturais brasileiras, principalmente aquelas formatadas pelos estilos e matrizes de origem africana. Sua natureza rebelde também sinaliza uma postura problematizadora e controversa sobre as relações entre arte, cultura e mercado, o que marcará toda a sua trajetória e itinerância, seus compromissos éticos e mesmo, ao final da vida, certa amargura.

32. Costa, Haroldo. "As origens do Brasiliana". *Dionysios*. Especial Teatro Experimental do Negro. Rio de Janeiro: MinC/Fundacen, n. 28, 1988, p. 143.

A variedade de manifestações performáticas da cultura brasileiras trazida aos palcos por Solano demonstra o caráter inovador para a época de suas propostas e metas cênicas. Com ousadia, o Teatro Popular Brasileiro, na contracorrente do teatro brasileiro de então, àquela época preso às tradições dramatúrgica e cênica europeias, garimpa no repertório da cultura popular não apenas conteúdos, mas todo um aparato formal e estilístico como fonte de sua criação estética. Victor Hugo Adler Pereira antevê a importância dessas iniciativas de Solano e de Haroldo Costa, que buscavam uma linguagem espetacular e performática que tivesse por referência as matrizes culturais brasileiras: "Em ambas as iniciativas teve grande destaque a adaptação cênica de danças de origem popular: no Brasiliana, com a perspectiva de atuar no mercado de espetáculos, e no Teatro Popular, como tentativa de resgate dos valores autênticos da cultura nacional."[33] Na história do moderno teatro brasileiro, Solano Trindade, Ariano Suassuna e Haroldo Costa são exemplares e pioneiros nesse exercício de transcriar e referendar nos palcos o extraordinário repertório cênico-dramático das matrizes culturais brasileiras.

O elenco do TPB "era formado por domésticas, operários, estudantes e comerciários", e os espetáculos incluíam "batuques, lundus, caboclinhas, jongos, moçambiques, congadas, caxambus, cocos, capoeiras, maracatus, samba de umbigada, samba baiano, guerreiros, folia de reis, candomblé, dança das fitas".[34] Com a sua trupe, Solano se apresentava em teatros, praças,

---

33. Pereira, Victor Hugo Adler. "O TEN e a modernidade". *Dionysios.* Especial Teatro Experimental do Negro. Rio de Janeiro: MinC/Fundacen, n. 28, 1988, p. 75.

34. Faria, Álvaro Alves de, op. cit., p. 16.

espaços públicos, com grande sucesso de público e de crítica. Em 1955, com o Teatro Popular Brasileiro, Solano excursiona pela então Tchecoslováquia e pela Polônia, lotando praças, teatros e estádios, tendo, ainda, publicado poemas em edições no exterior. Em Varsóvia participou de um concurso internacional de danças populares, sendo premiado com uma medalha de ouro. Ainda em 1955, realiza a primeira montagem do texto de Vinícius de Moraes, *Orfeu da Conceição.* Posteriormente, o grupo do TPB também integra o elenco da montagem de *Gimba*, peça de Gianfrancesco Guarnieri, encenada no Teatro Maria Della Costa. Como ator, Solano participa dos filmes *Agulha no palheiro, Mistérios da ilha de Vênus* e *O santo milagroso,* tendo também coproduzido o filme *Magia verde*, além de realizar, em Praga, o documentário *Brasil dança.* Em 1958, o poeta publica pela editora H. Melo *Seis tempos de poesia.*

Em 1961, a convite do escultor Assis, vai para Embu, pequena cidade do interior paulista que atraía artistas das mais variadas tendências. Encantado pela cidade, ali Solano se estabelece e desenvolve as suas experiências com o Teatro Popular, atraindo a atenção de um grande número de espectadores. O sucesso de sua trupe torna Embu um centro artístico e comercial, atraindo artistas, intelectuais, turistas e curiosos de todo o país e do exterior. Na sua casa, habitada por seu elenco e por artistas de várias origens, as festas tornaram-se memoráveis. O artista espalhava a sua poesia, dança e música pela pequena cidade colonial, cujas vielas os pintores e escultores ornamentavam com arte. Em 1961, o teatrólogo publica pela editora Fulgor aquele que seria o seu livro de poesia mais conhecido, *Cantares do meu povo.*

Insatisfeito com a aura comercial de Embu, Solano muda-se para a periferia de São Paulo, vivendo nos bairros de Vila Sônia e Ferreira. Debilitado pela arteriosclerose, declina de sua atividade artística e de sua militância cultural. A partir de 1969, muito doente, pobre, alquebrado e deprimido, perambula por vários hospitais e um asilo. Em 1973, amparado por Maria Margarida, de quem havia se separado há muito tempo, é levado para a casa da sua ex-esposa em Jacarepaguá, no Rio de Janeiro. Em 1974 é internado, com pneumonia, em uma clínica em Santa Tereza, onde falece em 19 de fevereiro do mesmo ano. Foi enterrado em Jacarepaguá. Além de Maria Margarida, Solano Trindade teve dois outros amores, a carioca Dione Silva e a baiana Lycia Borges. Teve quatro filhos: Raquel, Godiva, Liberto e Francisco, este último morto em uma prisão da ditadura militar, em 1964.

Em 1976, foi enredo da Escola de Samba Vai-Vai, de São Paulo. Nos anos 1980, seu poema "Tem gente com fome" foi musicado por João Ricardo e gravado por Ney Matogrosso. Em 1981, a editora Brasiliense reeditou *Cantares do meu povo,* com prefácio de Álvaro Alves, que incluiu, nessa reedição, alguns inéditos.

Boêmio, de fala mansa, gestos largos e descansados, passos bailarinos, barba bem cuidada, Solano fez-se amigo de artistas e intelectuais da época, dentre eles Abílio Machado, Otto Maria Carpeaux, Sérgio Milliet, Santa Rosa. De muitos, deixou registros em poemas, breves instantâneos de cenas cotidianas do poeta:

Com Graciliano Ramos,
Na rua da Quitanda
Tomava uma cachacinha
E com Aníbal Machado
Uma batida
Na Visconde de Pirajá[35]

35. Trindade, Solano, op. cit., p. 77.

É do escritor e amigo José Louzeiro a descrição da personalidade amistosa, gentil e militante de Solano:

> No dia a dia, dos nossos encontros no Vermelhinho, Solano falava dos atores negros que estava formando. E alongava considerações sobre os textos que imaginava criar. De modo geral, peças com temática urbana, a serem encenadas se possível em palcos montados na Cinelândia, Central do Brasil e em praças da periferia. A preocupação de Solano Trindade com a democratização do teatro brasileiro era quase uma neurose. Nos nossos anos de convivência, raramente vi Solano Trindade triste ou à inércia. Estava sempre folheando livros, anotando, lendo jornais, consultando publicações soviéticas. Era um intelectual de imensa participação política e tinha consciência que poucos países desenvolvem uma política racista tão bem camuflada quanto o nosso.[36]

Paulo Armando tece um dos comentários mais afetuosos sobre o amigo:

> Sobre o corpo frágil e ágil, cabeça muçulmi (de descendentes de haussás, no norte da África). Rosto alongado e fino. Os vivos olhos expressivos, algumas vezes sardônicos, zombeteiro, riso franco, aberto e desdentado [...]. Quando chegava, ora vinha de mansinho... Ora se impunha, exuberante, rosto erguido, braços abertos para cima, como se fosse voar ou dançar o frevo. E sempre envolvia uma

36. Louzeiro, José. "Solano Trindade: um poeta ameaçado pelo silêncio". In: Trindade, Solano. *Tem gente com fome e outros poemas*. Rio de Janeiro: Prefeitura da Cidade do Rio de Janeiro; Ministério da Cultura; Sindicato dos Escritores do Rio de Janeiro, 1988, p. 4.

aura de altivez serena, não agressiva, mas dominante, que me levava a chamá-lo Soba do Alto Sudão. E, na verdade, [...] de régulo antigo, ele tinha na força carismática de condutor de pessoas, com a qual durante toda a vida, organizou e dirigiu movimentos culturais e artísticos, de balé folclórico, de artesanato popular.[37]

Aclamada por alguns críticos da época, por intelectuais e artistas de renome nacional, a poesia de Solano ainda está por merecer uma edição crítica, e sua obra, uma leitura menos adjetivadora e mais analítica em todos os seus contornos e possibilidades de apreensão. Na fortuna crítica do poeta, muitas vezes o adjetivo popular, acoplado às tensões poéticas que o próprio Solano elaborava em seus poemas, ora esbarra na grandiloquência da adjetivação, "maior poeta negro brasileiro", ora sucumbe à interpretação do popular, epíteto com que sempre é mencionado, como sinônimo de uma poesia que seria descomprometida com o rigor e a elaboração estética. De fato, há oscilações estéticas na produção poética de Solano. Mas há também uma urgente necessidade de revisão de muitos poemas e de uma edição crítica de sua obra, inclusive para fixação de poemas que, em algumas publicações, apresentam diferenças significativas de ortografia. O despojamento de certos poemas não se confunde com o descuido de linguagem ou a ausência de rigor, parecendo, sim, corroborar aquilo que o próprio poeta alardeava como o seu principal apelo estético — a liberdade —, assim cantada no poema "Estética":

37. Armando, Paulo. "Nosso maior poeta negro". In: Trindade, Solano. *Tem gente com fome e outros poemas: Antologia poética*. Rio de Janeiro: Prefeitura da Cidade do Rio de Janeiro; Ministério da Cultura; Sindicato dos Escritores do Rio de Janeiro, 1988, p. 38.

Não disciplinarei
as minhas emoções estéticas
deixá-las-ei à vontade
como meu desejo de viver...[38]

Liberdade que também inclui a ironia jocosa do poema "Senhora gramática":

Senhora gramática
perdoai os meus pecados gramaticais.
Se não perdoares,
senhora
eu errarei mais.[39]

Esse desejo de liberdade, no entanto, na maior parte da sua produção não se confunde com desleixo, mas, sim, com espontaneidade e certo distanciamento consciente do experimentalismo de linguagem que seduzia parte da literatura e da crítica brasileira nos anos 1950 e 1960. Solano, socialista convicto e utópico defensor da arte engajada e comprometida com uma função social, associava os inovadores experimentos com a linguagem poética da época à burocratização literária e ao descompromisso da literatura com a realidade político-social do país. Solano sonhava uma arte de comunicação espontânea com seu leitor, fosse ele intelectual ou operário, e via no artista uma função aurática, mediadora entre a sociedade e o Estado, desejoso de uma arte-reportagem, porta-voz dos sujeitos anônimos do cotidiano subjugados

38. Trindade, Solano. *Cantares ao meu povo*, op. cit., p. 60.
39. Ibidem, p. 22.

pelas tensões econômicas, étnicas e raciais. Nesse sentido, o eu enunciador da poesia de Solano se desdobra no eu negro, no eu operário, no eu oprimido, no eu americano, que idealiza uma sociedade mais justa e se coloca como uma voz pedagogicamente resistente à opressão que incansavelmente denuncia. Desse lugar de enunciação, Solano irmana-se com outros poetas negros das Américas, como Langston Hughes e Guillén, cujas poesia e ideias de libertação celebra e com cuja obra mantém uma fértil interlocução. Seu poema mantém um diálogo explícito com o poema "I too sing America", manifestando, como Hughes, o desejo real de efetiva integração do negro nas sociedades americanas e seu reconhecimento como agente civilizatório.

A exaltação a Guillén evidencia a atualização de Solano com o Movimento da Negritude Caribenha e a sua sincronicidade com as outras vozes que em todas as Américas se levantaram contra todo e qualquer regime de opressão e de exclusão e, em particular, contra as formas de disseminação e manutenção da segregação e discriminação racistas. Com os poetas da Harlem Renaissance, como Langston Hughes, e com os poetas da Negritude, o poeta brasileiro constrói uma rede de referências mútuas e interlocuções textuais, partilhando os mesmos ideais e utopias de transformação social que impregnam e impulsionam a militância desses artistas. Como observa Zilá Bernd:

> Em sua principal obra, *Cantares de meu povo,* de 1961, o poeta dialoga com os mais representativos autores da Negritude norte-americana e artilhana, como Langston Hughes e Nicolás Guillén. [...] Pode-se, com segurança, afirmar que Solano Trindade é o representante brasileiro da linhagem, à qual se vinculam os autores mencionados, caracterizada pelo engajamento ao marxismo e por

> um forte sentimento de pertença ao solo americano. Esses autores pensam a cultura das três Américas como uma totalidade: ser negro é uma forma de ser americano; ser negro americano é uma forma de participar, pela mediatização do discurso poético, da desconstrução da imagem negativa que a sociedade elaborou sobre ele.[40]

Essa solidariedade pan-americana, expressão de um desejo de uma territorialidade americana compartilhada, é acompanhada pela ênfase em um intransigente discurso pela liberdade, em todos os seus âmbitos e contextos: liberdade estética, liberdade de expressão, liberdade política, liberdade ontológica:

> Eu canto aos Palmares
> sem inveja de Virgílio de Homero
> e de Camões
> porque o meu canto
> é o grito de uma raça
> em plena luta pela liberdade[41]

Metamorfoseando-se em Virgílio, Homero e Camões, como o narrador épico de seu povo, o eu poético, que se fazia porta-voz da raça em um movimento de transformação cinético e dinâmico, não se deixa fixar uma identidade matizada apenas pelos significantes raciais ou étnicos, universalizando o eu enunciador que, por um deslocamento metonímico, refigura a referência negra de Palmares em um território universal que integra todas as faces do ser humano no combate às tiranias:

---

40. Bernd, Zilá. *Negritude e literatura na América Latina*. Porto Alegre: Mercado Aberto, 1987, p. 87.

41. Trindade, Solano. *Cantares ao meu povo*, op. cit., p. 23.

Eu canto aos Palmares
odiando opressores
de todos os povos
de todas as raças
de mãos fechadas
contra todas as tiranias.[42]

Idealizado, Palmares é tanto república de Zumbi, herói épico da saga negra do Brasil, quanto uma alegoria de uma utópica zona franca pan-americana onde "até as palmeiras têm amor à liberdade".

Geme na minh'alma
a alma do Congo
do Níger da Guiné
de toda a África enfim
a alma da América
a alma Universal.[43]

Segundo Zilá Bernd, o

> ideal marxista o leva a um conceito integrado de América [sendo que] a marca registrada da poesia de Solano Trindade será a obsessão da reconstituição histórica, revelando a caminhada do poeta do conformismo à resistência. Devolver ao negro o orgulho de sua ancestralidade e ressignificar palavras estigmatizadas como navio

42. Ibidem, p. 23.
43. Ibidem, p. 29.

negreiro, transformando o seu sentido histórico em referenciais positivos, parece ser a intenção primeira do poeta.[44]

Nesse contínuo e dinâmico processo de migração referencial, a poesia de Solano marca seu rastro de negrura, como signo do sujeito e do povo ali referidos pela via da ressignificação positiva, num processo de reescrita histórica do discurso da negação e da rejeição, como se lê no poema "Navio negreiro":

Lá vem o navio negreiro
cheio de melancolia,
lá vem o navio negreiro
cheinho de poesia...
[...]
Lá vem o navio negreiro
com carga de resistência
lá vem o navio negreiro
cheinho de inteligência...[45]

Da escravidão à certeza da liberdade plena, os orikis oraliturizados de Solano celebram as transformações e conquistas do passado aos devires pelos quais se empenha:

Olurum Ekê
Olorum Ekê
Eu sou poeta do povo
Olorum Ekê[46]

---

44. Bernd, Zilá, op. cit., p. 88.

45. Trindade, Solano. *Cantares ao meu povo*, op. cit., p. 16.

46. Idem, *O poeta do povo*, op. cit., p. 55.

Celebrada, a negrura torna-se, na atividade artística do poeta, signo de uma identidade revolucionária que extrai do drama histórico negro nas Américas insumo temático de denúncia do aparato sociocultural que marginaliza o sujeito afrodescendente no campo, assim como nas periferias urbanas. Nas tradições de matriz africana e afro-brasileiras, o eclético artista busca as referências estéticas que modulam a vocalidade, os timbres e os ritmos de seus cantares, inseminados de uma fala cotidiana que, como no narrador benjaminiano, relata a partir da experiência, de uma vivência formal, matizada pelos saberes culturais afro-americanos e pelos idiomas estéticos da textualidade e da tonalidade orais. Numa espécie de poesia-reportagem, o contar de sua história confunde-se com a história do negro no Brasil, história esta fundacional, índice de civilização, ressignificada por um viés épico que constrói o discurso colonizador escravista:

> Sou negro
> meus avós foram queimados
> pelo sol da África
> minh'alma recebeu o batismo dos tambores
> atabaques, gonguês e agogôs
> [...]
> Depois meu avô brigou como um danado
> nas terras de Zumbi
> Era valente como quê
> Na capoeira ou na faca
> escreveu não leu
> o pau comeu
> [...]
> Na minh'alma ficou

o samba
o batuque
o bamboleio
o desejo de libertação...[47]

Com a mesma ênfase, a poesia de Solano universalmente se postula como um relato-reportagem das periferias urbanas, da penúria dos subúrbios, nos quais as dicotomias branco/negro, oprimido/opressor são substituídas por um cromatismo resistente a qualquer etiqueta. No poema "Tem gente com fome", o indivíduo assujeitado pela marginalização e pela exclusão é esculpido pela espacialidade suja e apertada da estação, pela carência e pelo odor da fome, pela paisagem periférica que as janelas do trem tristemente reconhecem:

Trem sujo da Leopoldina
correndo correndo
parece dizer
tem gente com fome
tem gente com fome
tem gente com fome...[48]

O poema de Solano parodia versos de "Café com pão", de Manuel Bandeira. E subverte a alegria quase infantil dos barulhos e assovios do trem que, em Bandeira, se realiza pela onomatopeia, simulando, na repetição da expressão "café com pão", o ritmo de uma letárgica e preguiçosa maria fumaça. O trem,

47. Trindade, Solano. *Cantares ao meu povo*, op. cit., p. 32.
48. Ibidem, p. 34.

no poema de Solano, manifesta uma cinesia nervosa, cansada, irônica, faminta. A paisagem bucólica e rural de Bandeira, amaciada pelas aliterações suaves e gostosas do gingado preguiçoso, é substituída e invadida pelo mais pobre habitat suburbano, da zona norte carioca, na qual os nomes das estações do trem metonimicamente evocam a fome, a miséria, a sujeira e a tristeza dos lugares e dos sujeitos.

Tantas caras tristes
querendo chegar
em algum destino
em algum lugar[49]

O ritmo veloz e seco é marcado pelas síncopes e pela predominância das tônicas, que reforçam o reordenamento exigido na última estrofe ("se tem gente com fome/ dá o que de comer"), imediatamente silenciado pela estridência da repressão marcada pelas sibilantes sonoras da última estrofe:

Só nas estações
quando vai parando
lentamente começa a dizer
se tem gente com fome,
dá de comer
se tem gente com fome,
dá de comer
Mas o freio de ar
todo autoritário

49. Ibidem, p. 35.

manda o trem calar

Psiuuuuuuuuu...[50]

Em texto seminal sobre as raízes originárias de um teatro que considera genuinamente brasileiro, Ariano Suassuna elenca uma série de manifestações cênico-dramáticas espetaculares que formam um riquíssimo repertório dramatúrgico e performático, dentre eles, os autos populares, como o da "Nau Catarineta", as cheganças, os bumba meu boi, o cavalo-marinho, os mamulengos, acentuando que,

> no seu conjunto, podem esses espetáculos servir de lastro tradicional a um teatro brasileiro, peculiar e nacional e que, ao mesmo tempo, de modo só aparentemente paradoxal, seja religado à tradição do grande teatro mediterrâneo europeu, do qual somos também herdeiros, na qualidade de ibéricos. E isso é verdade tanto do ponto de vista da dramaturgia quanto do ponto a respeito da encenação e do jogo de atores.[51]

Solano Trindade, em toda a sua trajetória poética e teatral, buscou no acervo popular os insumos para a sua prática artística, antecipando em muitas décadas os atuais pressupostos de várias teorias teatrais, dos estudos da performance e da etnocenologia. As marcas da vocalidade, dos vários feixes de formas e de soluções poéticas da textualidade oral, e os inúmeros repertórios da

---

50. Ibidem, p. 35.

51. Suassuna, Ariano. "Genealogia nobiliárquica do Teatro Brasileiro". *O Percevejo: Revista de Teatro, Crítica e Estética*, Rio de Janeiro: Unirio, ano 8, n. 8, p. 102, 2000.

teatralidade, inscrevem-se nos seus textos, numa interlocução engenhosa entre a letra e a escrita e as grafias da performance, seu gesto de oralitura. E é assim que, em um poema-inventário, o já velho, mas ainda amoroso poeta, abriga-se ainda uma vez nesses cantares, e ternamente se recobre de poesia:

> Há sempre um poema me esperando
> nas amadas feitas de ternura
> e por isso o meu tempo
> não é contado à velhice
> Estou conservado no ritmo do meu povo
> me tornei cantiga determinadamente
> e nunca terei tempo de morrer.[52]

---

52. Trindade, Solano. *Cantares ao meu povo*, op. cit., p. 42.

V. NAS FRANJAS DA IMAGEM

Nós não somos apenas um efeito do (mal) que fizeram conosco.

Jota Mombaça

Jota Mombaça, treliças de uma poética do aterro

Saberá/As Filhas do Menor Chuvisco, de 2024, primeira exposição solo de Jota Mombaça, instala um novo agenciamento da artista. Aqui transitam obras que reinauguram sua presença no Brasil, após intervalos, ora longos, ora curtos, em que morou e se apresentou na Europa, tornando-se uma celebrada referência internacional. Naquilo que também a constitui, os deslocamentos e passagens, Jota, em seu retorno, transcria esses movimentos transientes, suas revoadas migratórias e imaginárias. E é nessa curvilínea volta que ela se reconecta e nos oferece essa bela exposição, exemplar das múltiplas facetas de uma artista talentosa, versátil, curiosa, inventiva, inconformada, desejante.

A exposição de Jota nos apresenta vários princípios constitutivos ou forças propulsoras que conectam seu pensamento e trajetória artística com suas movências e desterritorializações pessoais, dentre elas: a cinesia das transições de vária ordem, as moradas, os climas e atmosferas, as temporalidades, os aterramentos ou soterramentos, e as ações de escavar. Essas premissas e asserções são vitais, pois compõem a *gnosis* de um pensamento rico e dinâmico, que se aporta em variados materiais, dispositivos e suportes nos quais se projeta a sofisticada arte de Jota: as criações com o barro, as telas, as sonoridades, o vídeo, a performance. Em tudo o corpo também movediço se instaura, veículo e ambiente de assentamento de suas fabulações e inscrições estéticas, criando uma dramaturgia perceptiva e sensitiva de efeito imagético poderoso, cinético por excelência. Aqui, essa artista multifacetada exercita o trânsito como moto-contínuo de um deslocamento que se faz ele mesmo índice de transposição, passagens, travessias, resiliência, desmontagem, compromissos éticos, que, por sua vez, agenciam sua potente e forte linguagem estética. Na mostra, o que é exposto se faz enunciar pelos entrelaces que, na composição relacional, se complementam, se suprem e se nutrem, propiciando nuances de sentidos e ressignificações. Deslocar territórios, modos do fazer, atos de refazer, restituir e reconstruir, instituem vínculos, entre seres e coisas, muitas vezes inesperados.

Como o tempo, em cada traço, a artista-pensadora se reinaugura, espirala, reelaborando e desdobrando a poética do soterramento que desenvolve desde 2014. Nas formulações criativas dessa poética, clivada pelos deslocamentos, trânsitos, retiros, lacunas, carências e resiliências, as alusões às incertezas e revolvimentos do planeta, em seus pulsos de instabilidade climática, evocam suas próprias trajetórias de construção identitária e suas subjetivações em devires, suas metamorfoses, traduzidas insistentemente nos atos de cavar, escavar, soterrar e desaterrar.

Em sua performance em Leipzig, de 2022, Jota inscreve nos gestos contíguos de escavar e de aterrar um inevitável e desejado retorno aos vãos e saliências da terra, estabelecendo uma íntima relação com o barro, o chão, matéria-prima de nutrição e busca de pertencimento. Escavar e aterrar-se nos remete ao abrir-se à junção desejada e aos vínculos do corpo com os elementos e substâncias que habitam a terra, suas películas e abissos, mas é também um movimento simultâneo em direção ao alto, àquilo que se projeta para o exterior do ser, um escavar para o alto, como Jota revela em *O nascimento de Urana*.

Nas telas, os círculos concêntricos e excêntricos manifestam a ideia de um revolver inquieto e acelerado da água-lama, figurando o caos climático, desenhando-se como esqueletos de casas tragadas por convulsões e redemoinhos, sugadas na direção de um fundo devorador, sombrio. São como cenários e suspiros de um planeta revolto, em estado agônico. Traços fortes, em tons turvos, se curvam e se retorcem. Mas esse mesmo movimento de destruição e de sucção parece manter, ainda que tênue, uma pulsão de vitalidade, um sopro de esperança, pois as linhas que atravessam os remoinhos se atiram para seu exterior, para além das bordas, como se quisessem romper o estado de destruição e de distrofias, na procura de um cuidado a vir, uma restauração a acontecer, em busca da respiração desejada, nutriente.

Nas cerâmicas, seu formato alude a objetos cerimoniais, e seus desenhos evocam sutilmente expressões faciais, olhos, órgãos humanos talvez, vultos, que se projetam também para o alto como se deixassem exalar seu conteúdo, que dali se projeta. Como seres rituais parecem ali estar não para conter ou guardar algo, mas como vãos que expiram o contido, em frequências de vibrações, oferecendo-se como passagens dos hálitos, aromas e transpirações dos elementos que os formam e que neles sussurram. Oferendas.

Tanto nas telas como nos vasos, imagens que sugerem símbolos adinkras são inscrições que grafam as superfícies como signos e evocações de um pertencimento atemporal, que religa o humano a todo o seu entorno, às suas naturezas, continuamente buscadas, escavadas, atualizando a memória ancestral de uma relação congênita. Lembranças de um ser que é planeta-moradia, moradas, casa.

Que moradas são essas?

São a terra-chão, a terra-lama, que, por sua vez, se transmutam no corpo-terra, no corpo-lama da tela, no corpo-respiração, aspirando e expirando, transpirando ares corrompidos; no corpo-água que também é o corpo-sede, o corpo-transtornado, seco, mas também o demasiadamente aguado; um corpo-imagem ruidoso. Tudo isso formando, construindo um corpo-tela poroso, compósito de múltiplos assentamentos e substâncias nutrientes ou tóxicas. A paleta de cores marrons e escuras que, em seus tons e matizes, cria uma luminosidade fosca, opaca, quer nas pinturas, quer nas cerâmicas, reforça a presença material e simbólica do barro, matéria de criação, em estado maleável, sempre a se refazer e a se oferecer à recriação contínua, líquida e fluida.

No vídeo, a imagem do soterramento pinta um pujante autorretrato, em que a face se retrai da posição frontal em relação ao espectador, e parece projetar-se para o alto, como se quisesse mover o olhar-câmera que a capta e contempla. A face aterrada, como imagem espacial, redesenha a película do planeta, suas superfícies e enigmas, posta de modo a ser vista de cima, de distâncias que ampliam seus infinitos horizontes. A face figura-se, assim, corpo composto por todos os elementos-terra que o formam. Um convite a uma rotatividade ampliada do olhar que ativa e recompõe nosso pertencimento cósmico e planetário, na mesma medida em que aciona nossas responsabilidades. E que exige o deslocamento da mirada, pois se exibe como algo a ser observado, pensado e tratado como parte integrante do cosmos, no movimento de translação do planeta Terra, sua morada.

O soterramento ou aterramento pode também ser lido como um processo concomitante de descobrimento e desvelação, uma ação de mútua interferência e interseccionalidade, um aporte conceitual, pois, para sua plena realização, o ato de aterrar exige antes, como anterioridade sistêmica, a operação de desterrar. E de escavar.

Jota escava.

Que labor é este que se imprime na prática do cavar, escavar, desterrar e aterrar?

A ação de escavamento, repetida à exaustão, como na performance de 2022, em Leipzig, já transporta em si mesma vários sentidos possíveis. As ações de escavar e de aterrar se equivalem. Cavar pode ser um gesto que nos remete à busca de algo ali soterrado, escondido, guardado, que é trazido à luz, descoberto, desvelado, desterrado. Mas pode ser também, na mesma intensidade semântica, um ato de abrir o chão para o plantio, abrir canais de irrigação, para fazer nascer, abrir vãos de respiração, e de cultivo. Semear a si mesma, aterrar-se, como uma matéria ou substância orgânica qualquer, em processo contínuo de composição e decomposição, revela no que se aterra sua qualidade intrínseca de se transformar.

Esse princípio de mutação, agência motriz, é um dos aspectos da poética de Jota, que, nesta mostra, se reafirma e se encorpa. A cinesia dinâmica que cadencia circulação e confluências, e os processos que conectam as obras, umas em relação a outras e às espacialidades que as tecem, e a fabulação do movimento no íntimo mesmo das peças, em sua coreografia interna, produzem um efeito constante de locomoção, mutabilidade, transitoriedade. E é nessa fluência que Jota performa, com primor, as temporalidades descontínuas de suas andanças, de suas subjetivações, aterradas e desterradas, que, simultânea e sincronicamente, exercitam várias direções e sentidos, para dentro e para fora, para o interior e para o exterior, para o baixo e para o alto e para os lados, desenhando espirais não concêntricas, sempre em processo de refazimento e de tecelagem. E que simulam um tempo também sempre reinaugural, que se refaz nas curvas das experiências estéticas e das vivências subjetivas, traduzidas na potência de suas linguagens artísticas e de uma fina e sofisticada percepção cósmica, atravessada por afecções e postulações complexas, criativas e criadoras.

Nas sinapses do movimento, como ação e traço, a canção "Djaniras", composta por Israel Semente e Xangai e executada por Cátia de França no álbum *Vinte palavras girando ao redor do sol,* de 1979, introduz os pulsos de uma cadência célere, de um ritmo inebriante que, pelo contraste, extensão e gradações tímbricas e melódicas, interage com as cores frias predominantes nas peças, conjugando-as com uma quente e vibrante voz. A canção, mais do que nomear a exposição, torna-se, assim, um referente e um gradiente sonoro, uma vocalidade pulsante que invade os silêncios e se solta pelos ares, como se fizesse falar os próprios objetos expostos.

Saberás, então, que, como filha do menor chuvisco, Jota retorna.

Multiartista. Performer, cineasta, escritora, pensadora, artista visual. No que realiza manifesta um recorrente desejo de não se acomodar, de insurgir-se contra as repetições paralisantes do mesmo, de incidir nas estruturas que promovem as violências e violações pessoais, sociais e em relação ao planeta; de expor os abalos e transtornar seus códigos; de arruinar sua lógica destrutiva; de transformar seu pensamento em ações criativas insurgentes, potentes, instigantes e cinéticas, incômodos.

Jota Mombaça volta.

Diz um provérbio angolano que aquele "que vai e que volta, não é o que vai, mas o que volta". Em seu desejo de fazer-se terra, de tornar-se chão, de reconectar-se também com o Brasil, Jota Mombaça nos transpõe dos torpores da cômoda espera, do desejo sempre adiado do impossível, e nos arremete e dispõe ao encontro de uma realização que se faz no agora, como intervenção intensa e irradiante no presente que, como o barro, em seu estado de inacabamento e de incompletude, está aí para ser transfigurado.

Em seu livro, *Não vão nos matar agora,* Jota afirma que "esgotar o que existe é a condição de abertura dos portões do impossível".[1] Ao querer ser terra, entranhar-se na terra, ser um seu componente e compósito, criar interfaces, Jota Mombaça, nessa pulsante e plurissignificativa exposição, também propõe uma comovente aliança, entre nós, e entre nós e o planeta, na qual "nossos corpos partidos encontrem extensão e órgão uns nos outros e nas coisas, nas flores, na terra".[2] Pois, como também afirma em recente e brilhante aula-magMa: "Nós não somos apenas o efeito do (mal) que fizeram conosco." [3]

1. Mombaça, Jota. *Não vão nos matar agora*. Rio de Janeiro: Cobogó, 2021, p. 112.

2. Ibidem, p. 115.

3. Aula-magMa proferida no dia 9 de março de 2024, em São Paulo, durante a MiTsp 2024.

No ar, esculturas bailarinam, bilros de Sonia Gomes

Em maio de 2022 visitei o ateliê de Sonia Gomes em São Paulo. Fiquei alumbrada. Já na entrada, pequenas esculturas se recostam na escada. Nos cantinhos dos degraus, em formatos diferentes, nos recebem, parecendo nos cumprimentar, como se nos convidassem a adentrar em seus refúgios. Lá dentro, se espalham por toda a oficina-casa. Parecem nos olhar, ouvir e seguir, e nos perscrutar, através de Sonia que os apresenta, mostra, comenta, ora em frases longas, ora em expressões rítmicas, me deixando pausar, conversar com suas formas, me enturmar com elas e com os ambientes do ateliê que se parece com uma residência, clivado por uma atmosfera quase doméstica, como se casa, ateliê e corpo fossem sinônimos, se equivalessem, insinuassem espelhamentos e intimidades, conforme já observara Raphael Fonseca.[4] Para o mesmo autor:

> Ao verificar os títulos de seus trabalhos, esbarramos por diversas vezes em palavras que remetem a um universo de intimidade, acolhimento

---

4. Cf. Fonseca, Raphael. "Meu mundo é hoje". In: Carneiro, Amanda; Fonseca, Raphael (orgs.). *Sonia Gomes: A vida renasce/Ainda me levanto.* Niterói: Museu de Arte Contemporânea de Niterói; São Paulo: Museu de Arte de São Paulo, 2018.

e moradia: *Casulo* (2006), *Lugar* (2006) e *Colmeia* (2004) são obras que trazem esse campo semântico. Quando observamos sua produção de maneira cronológica, podemos notar interseção entre a casa e o corpo desde seus primeiros trabalhos.[5]

Gentil, Sonia nos conta pedaços de sua biografia, de seus processos de criação, de suas perquirições e dúvidas, de seus gestos de escrivã de textos-formas. Tece biografemas.[6] Abre baús, malas, sacolas, tudo cheinho de lembranças ainda não trançadas, panarias, linhas coloridas, retroses, fios, cordões, alfinetes, rendas, bordados, adereços. Seu ateliê é também um armarinho. Verseja. A artista sabe a história de chegada de cada pedaço de tecido ou vestimenta que lhe foi voluntariamente doado ou que adquiriu e que aguarda suas agulhas, desenhos e costuras em novas tessituras. As formas que serão, seus futuros formatos, molejos e moldes estão a caminho. Já em si mesmas têm existência e, antes de se casarem com outros paninhos, se enroscam quentinhas, encostadinhas umas nas outras, esperando, sem pressa, seus

---

5. Ibidem, p. 39.

6. Na noção de biografema, elaborada por Roland Barthes em vários escritos, a vida do autor não se apresenta como uma inteireza linearmente concebida, mas, sim, como vestígios, rastros, fragmentos contingenciais que conectam texto e corpo, de forma descontínua, desprovidos de sequência, progressividade ou linearidade temporal. O biografema não se confunde com a narrativa histórica, cronológica, documental. É da ordem da lembrança embaçada. É granular, poroso, sujeito às afecções e fruições do próprio leitor. Ver, dentre outros: Barthes, Roland. *Sade, Fourier, Loyola*. São Paulo: Martins Fontes, 2008. E também: Andrade, Ludmilla Zago. "Roland Barthes, a biografia, os biografemas". In: Andrade, Ludmilla Zago. *O vermelho da vida na escrita de Hilda Hilst*. Tese (Doutorado em Estudos Literários) — Faculdade de Letras, Universidade Federal de Minas Gerais, Belo Horizonte, 2011, pp. 30-42.

devires, ruminados pela artista-tecelã. Lá fora, um átrio ocupado por uma frondosa árvore de imponente copa. Aos seus galhos e folhas se misturam as formas-objeto esculpidas por Sonia, como se a artista e a árvore partilhassem maternidades. As formas de Sonia parecem nascer do tronco, como se galhos e folhagens fossem, neles se penduram ou se esticam, como lagartos. Ali, assim como nos espaços internos, tudo se complementa, se avizinha, se roça. Sonia é também uma bordadeira de quintais e de jardins.

Sonia revela um olhar arguto, atento e curioso, que parece estar sempre auscultando pessoas, seres e coisas, como se insumos também fossem para suas criações. A artista, sempre atraída pelos tecidos, quando menina morara pertinho das fábricas têxteis, e saía por ali, visitando também lojas e armarinhos, seduzida desde sempre por retalhos e adereços, pela imagem querida de Petrina, a avó benzedeira e parteira. Restos de panarias, retalhos e adornos, brinquedos, bonecas e outras parafernálias — tudo Sonia guardava e transformava, como ainda faz. Com tudo, ideava, montava e fabricava suas próprias roupas, colares, bolsas, brincos, anéis, cintos, fitas, bijuterias, figurinos incomuns, diferentes, exóticos. Suas vestimentas e invenções, seus designs e elaborações invulgares já traziam em si os fundamentos de uma estética engenhosa *sui generis*, antecipando estilos, tecnologias artísticas e instrumentais, na jovem já instalados ou em processo de construção.

O ateliê nos revela lugares para guardar, lugares para fabricar e tecer, lugares para conceber, inventar, gerar e motivar, ambientes de memória, instalações onde as alteridades encontram guarida. Retalhos do cotidiano, frações e fragmentos de panarias trazidos e oferecidos a Sonia, ou por ela procurados, são costurados e tecidos, esculpindo objetos, coisas, em formatos variados de novelos, tranças, cachos, nós, treliças, trouxas, pingentes, enlaces com metais e madeiras, amarrações, suturas e torcimentos de contornos inauditos. E conversam com seus entornos, concebem ambiências, ocupando posições às vezes inusitadas em paredes, tetos, recantos e pisos. Todas as concepções se integram na composição cenográfica das espacialidades, como se não houvesse diferença entre móveis, flores, madeiras, metais, peças já prontas ou começadas, baús, panos, penduricalhos, bules, cuias e tudo o mais que ali se dispõe e encontra recantos.

E tudo é um *como se fosse* na parecença enigmática de sua aparência. Não retratam. Não esculpem figuras ou semblantes. São figurações. Plenas de corporeidades, mas como se fossem corpos sem órgãos, diria Deleuze.[7] Nada ali se prende em uma forma absoluta ou em um contorno previsível. Como nos revela Amanda Carneiro:

> Abstratas, as peças são criadas em múltiplas e densas camadas que, delimitadas desde a costura, refutam o aspecto figurativo, dando ênfase ao volume e ao equilíbrio e questionando os limites entre noções de funcionalidade, arte e artesanato. Têxteis, cordas, utensílios e outros objetos do cotidiano permitem que Gomes tensione formas diversas e remeta a diferentes formas artísticas.[8]

São como suplementos e figurações plurissignificativas, sem sentidos predeterminados, mas que, em um dinâmico e complexo processo de produção semiótica, vão sendo instituídos e

---

7. Deleuze, Gilles; Guattari, Felix. *Mil platôs.* Rio de Janeiro: Editora34, 2003.
8. Carneiro, Amanda. "Sonia Gomes: Ainda assim me levanto". In: Carneiro, Amanda; Fonseca, Raphael (orgs.), op. cit., p. 23.

compostos. Em outro espaço, mais na descida da rua, esculturas simulam a instalação que viajaria a Nova York, onde seriam exibidas em outras disposições — o conjunto de trabalhos fez parte da exposição O Mais Profundo É a Pele, na Pace Gallery, em 2022. As esculturas bailarinam no ar. Dilatam e tensionam nossa percepção, provocam curiosidade, brincam e iludem nossos sensores, geram volumes inauditos, performam o espaço, inventando brisas que as movimentam, a elas emprestando uma suave sonoridade. Parecem também revelar, em sua materialidade, uma sutil qualidade tátil. Sugestivas, porosas, granuladas, enigmáticas, estimulam nossa imaginação. E se organizam em sintaxes que desenham enlaces e liames inesperados, engenhosos. Ora, é como se as esculturas fossem seres animados inquietos, quase marionetes, ensaiando encenações. Ora parecem em chãos e paredes repousar, como se, profundamente adormecidas, sonhassem. Ora parecem velas, nos convidando a navegar. Imagens dançantes que povoam nossas mentes, bordando nosso pensamento, expandindo nosso imaginário e fruição. E tal como Eros, nos habitam de prazer e de deleite.

Outro traço estilístico marcante de Sonia alude e sugere uma técnica de composição que, ao abordar a textualidade de escritoras negras, denominei de *retórica de retalhos*, na qual objetos e formatos são elaborados de restos, fragmentos e resíduos do cotidiano, alinhavados numa partitura que, como tecelagem e urdiduras, prima pela justaposição de contrastes, cores, desenhos e traçados aparentemente destoantes e desalinhados, como uma panaria de arabescos, fabricada por um ritual corriqueiro de uso do diverso, como uma escritura poética. Nessa *poiesis* dos retalhos, Sonia experimenta policromias bem diversificadas, elaborando uma plural variedade de jogos de luz, uma técnica africana por excelência, também presente em nossas africanias, na qual elementos materiais, às vezes pueris, reciclados e reinventados, de um intenso e vistoso cromatismo, são dispostos cenograficamente como mosaicos, gerando efeitos sensoriais, perceptivos e expressivos marcantes. Os designs de cores tornam-se designs de luzes, e são, assim, estruturantes, como composições de luminosidades. As policromias inventam luminosidades fulgurantes e estelares, dispostas em sintaxes paratáticas de efeitos surpreendentes e potentes, suscitando assim uma explosão de plasticidade cinética e cênica.

Nessa refinada estética de adereços, uma tecnologia de tecelagem, de conceber e realizar, um modo de dispor, costurar e inventar, simbólica e literalmente, o objeto-corpo apresenta-se grafitado de saberes, exibindo uma corporeidade fluida e flutuante. Os desenhos esculturais e tessituras que daí emergem, como uma de suas propriedades de linguagem, grafam esse corpo/*corpus* estilisticamente, provendo ao seu espectador uma enunciação artística sofisticada, densa e intensa, o que faz de cada obra um relicário de soluções estéticas. E primam por sua cinesia, o que também nos possibilita acessá-las como instalações do movimento. Cada detalhe do objeto, e o objeto em si, em sua integridade, funcionam como suplementos dos sentidos que vão também sendo instituídos e compostos pela movência significante que instala ritmos, ambiência e nervuras poéticas envolventes, perquiridoras e cinéticas.

As esculturas de Sonia, suas volutas, texturas, bordas e bordados são corpos-tela. Um corpo-tela é um corpo de cinesias, de inscrição da memória e de grafias da história. Conforme expressei em *Performances do tempo espiralar, poéticas do corpo-*

-tela,[9] dentre suas inúmeras possibilidades de constituição, um corpo-tela é um corpo-imagem. E as imagens, em suas qualidades cinéticas, evocam elos entre ver, escutar e tocar. Essa interdependência é relevante e convida à expansão não apenas de nossos olhares, mas também de nossa capacidade de ouvir e de toda nossa percepção sensorial e intelectual. O corpo-tela, como imagem material e mental, fundo, superfície, volume, relevo, perspectiva e condensação, intensidades e densidades, não nos remete apenas às inscrições peliculares, aos adereços e adornos corporais e, por consequência, ao privilégio das poéticas da visibilidade, pois evoca também, como sonoridade, a evidência auditiva, o perscrutar dos ouvidos, a ativação intensa dos registros auriculares e as suas qualidades táteis.

Aliando a aparência do ser às suas vibrações, portando e postulando pensamentos,

> o corpo-tela é um corpo-imagem constituído por uma complexa trança de articulações que se enlaçam e entrelaçam, onduladas com seus entornos, imantadas por gestos, sons e texturas, vestindo e compondo códigos e sistemas. Engloba movimentos, sonoridades e vocalidades, coreografias, gestos, linguagens, figurinos, pigmentos ou pigmentações, desenhos na pele e no cabelo, adornos e adereços, grafismos e grafites, lumes e cromatismos, que grafam esse corpo/*corpus*, estilisticamente como *locus* e ambiente do saber e da memória. [...] Um corpo, síntese poética do movimento. [...] Complexo, poroso, investido de múltiplos sentidos e disposições, este corpo, física, expressiva e perceptivamente, é lugar e ambiente de inscrição

9. Martins, Leda Maria. *Performances do tempo espiralar, poéticas do corpo-tela*. Rio de Janeiro: Cobogó, 2021, pp. 77-80.

de grafias do conhecimento, dispositivo e condutor, portal e teia de memória e de idiomas performáticos, emoldurados por uma engenhosa sintaxe de composições.[10]

Como corpo-tela, como corpo-imagem, a obra de Sonia veicula pensamentos e afeta a fruição, manifestando o poder de prolongar seus efeitos sobre seu receptor, pois, como atesta Etienne, "toda imagem (um desenho, uma pintura, uma escultura, uma fotografia, um fotograma de cinema, uma imagem eletrônica ou infográfica) nos *oferece algo para pensar*: ora um pedaço de *real* para roer, ora uma faísca de *imaginário* para sonhar".[11] Segundo o mesmo autor, "toda imagem é uma memória de memórias", ou seja, "uma sobrevivência", uma "supervivência" que, ao combinar em si "um conjunto de dados sígnicos (traços, cores, movimentos, vazios, relevos e outras tantas pontuações sensíveis e sensoriais)", constitui "uma forma que pensa". Formas-pensamento que, ao se associarem, assim como as frases verbais ou musicais, são "capazes de despertar e promover 'ideias' ou 'ideações', isto é, *movimentos de ideias*".[12]

Essa poética dos retalhos habita uma estética dos movimentos, idioma inventivo singular e inovador, elaboração semiótica na qual os signos, sejam eles de natureza icônica, indicial ou simbólica, propõem parataxes e sintaxes enunciativas sempre em processo de formulação de sentidos provisórios, mas originais, nos lembrando a estética barroca em que o movimento é

10. Ibidem, p. 79.

11. Samain, Etienne (org.). *Como pensam as imagens*. Campinas: Editora Unicamp, 2021, p. 22. Grifos do autor.

12. Ibidem, pp. 22-3. Grifos do autor.

clave epistêmica para a cinesia do olhar pautado pela abundância e exuberância dos detalhes, impedindo a paralisia da visão e, portanto, dos sentidos, exigindo para sua percepção cognitiva o deslocamento constante do olhar, impregnado pelos enigmas da parecença ilusória, expandindo os veios de possibilidade de acionamento do sensível, das sensibilidades e percepções. Movências lúdicas, fabricando imagens pensantes, vistosas. Em sua qualidade icônica, visual, provoca e incita o olhar, mas convoca, também aponta para suas qualidades táteis, e se expande como imagem mental, entrelaçando a aparência fugidia da imagem com as relações que evoca em seu receptor. E assim, como nas artes de Sonia, faz ressoar em si também as interlocuções do corpo com seus entornos e com as reciprocidades dos outros que também o compõem.

No ateliê, assim como em suas exposições, as formas, enquanto absorvem o olhar perplexo e admirado que as contempla, parecem nos mirar, como se de nós recordassem e nos incluíssem em sua composição. Aqui o recordar se perfaz em acordes ressonantes, dar voltas, retornar, volver, revolver, trazer de novo, mas como se novos fossem, em movimentos espiralares e sinuosos, produzindo a lembrança de coisas e pessoas, inscrevendo a arte de Sonia como acontecimentos de múltiplas e simultâneas temporalidades. Ali a memória, habitada por tempos curvos, alinhava, grafa e grava, enredando lembranças e ficções, fabulando narrativas.

As artes, em suas inúmeras tessituras, podem constituir subjetividades e temporalidades variadas e insurgentes. Lembremos Penélope que, para burlar o tempo, perdura no pêndalo entre tecer e destecer, subvertendo a transformação na progressividade temporal, compondo um tempo que sempre recua para a lacuna talhada pelo objeto descosturado, sempre perdido em sua natureza fantasmática que abole a possibilidade da permanência e a presença da lembrança, relegada ao vazio de sua contínua desconstrução e desfazimento. Já Sonia fabrica outros vieses de temporalidades. Clivadas por descontinuidades e reversibilidades, como giras temporalizantes, suas instalações manufaturam um acontecimento corporificado que inclui as experiências individuais e coletivas, a memória pessoal e a memória histórico-social. Suas peças são inscritas por um tempo curvo que, simultaneamente, aglutina o pretérito nunca esgotado com o presente e o futuro contínuos. Um tempo que anela o retrós com os devires, conotando o presente imediato como resultante de temporalidades curvilíneas, onduladas em espirais, como presenças desejadas.

O corpo-tela é um *corpus* cultural que, em sua variada abrangência, aderências e múltiplos perfis, torna-se *locus* e ambiente privilegiado de inúmeras poéticas entrelaçadas no fazer estético. Assim também, a obra de Sonia se integra em múltiplas ambiências, as recompondo e ressignificando, impregnando seus arredores com uma linguagem pulsante, talhando circuitos de ressonâncias e irradiações. Um corpo móvel, enunciado por tessituras polissêmicas, conotado por múltiplos processos e técnicas do fazer, diferentes paisagens cognitivas, linhagens estéticas e dicções imaginativas trançadas, emissário de requintadas operações de linguagem; um corpo-tela caligrafado por uma expressão estética potente, treliça de pensamentos e de belas e intricadas formas. Gestos de memórias. Um corpo também de afetos compartilhados, espelho e tradução do extraordinário talento de Sonia Gomes, que captura nosso fascínio e de encantos e artes nos deslumbra.

Bibliografia

Aleixo, Rique. "Viagem à textualidade afro-mineira". *Suplemento Literário de Minas Gerais*, Belo Horizonte, 7 jan. 1989.

Alves, Miriam (org.). *Finally us*: *Contemporary Black Brazilian Women Writers*. Trad. Carolyn Richardson Durham. Washington: Three Continent Press, 1995.

__________. "Pedaços de mulher". *Callaloo*: *African Brazilian Literature*. Baltimore: The John Hopkins University Press, v. 18, n. 4, 1995, p. 969.

__________. "Uma entrevista". *Callaloo*: *African Brazilian Literature*. Baltimore: The John Hopkins University Press, v. 18, n. 4, 1995, pp. 970-2.

__________. "Vudu". In: Alves, Miriam (org.). *Finally us: Contemporary Black Brazilian Women Writers*. Trad. Carolyn Richardson Durham. Washington: Three Continent Press, 1995, p. 180.

Andrade, Ludmilla Zago. "Roland Barthes, a biografia, os biografemas". In: Andrade, Ludmilla Zago. *O vermelho da vida na escrita de Hilda Hilst*. Tese (Doutorado em Estudos Literários) — Faculdade de Letras, Universidade Federal de Minas Gerais, Belo Horizonte, 2011, pp. 30-42.

Antonacci, Maria Antonieta. "Corpos negros desafiando verdades". In: Bueno, Maria Lúcia; Castro, Ana Lúcia de (orgs.). *Corpo território da cultura*. São Paulo: Annablume, 2005, pp. 27-62.

Armando, Paulo. "Nosso maior poeta negro". In: Trindade, Solano. *Tem gente com fome e outros poemas: Antologia poética*. Rio de Janeiro: Prefeitura da Cidade do Rio de Janeiro; Ministério da Cultura; Sindicato dos Escritores do Rio de Janeiro, 1988, pp. 36-9.

Assis, Machado de. *Pai contra mãe*. Rio de Janeiro: Cobogó, 2022.

Augusto, Ronald. “Transnegressão”. In: Augusto, Ronald. *Presença negra no Rio Grande do Sul*. Porto Alegre: Secretaria Municipal de Cultura, 1995, pp. 47-55.

Azevedo, José Fernando. “Fugografias — carta a Lepecki”. *Conceição/Conception*, Campinas, v. 12, 2023.

Bandeira, Manuel. *Estrela da vida inteira*. 20. ed. Rio de Janeiro: Nova Fronteira, 1993, p. 181.

Barreto, Lima. *Clara dos Anjos*. Rio de Janeiro: Editora Mérito S.A., 1948.

Barreto, Raquel; Menezes, Hélio. *Carolina Maria de Jesus: Um Brasil para os brasileiros*. São Paulo: IMS, 2023.

Barros, Orlando de. *Corações De Chocolat: A história da Companhia Negra de Revistas (1926-27)*. Rio de Janeiro: Livre Expressão, 2005.

Barthes, Roland. “Brecht e o discurso: Contribuição para o estudo da discursividade”. In: Barthes, Roland. *O rumor da língua*. Trad. Mário Laranjeira. São Paulo: Brasiliense, 2012, pp. 269-81.

__________. *Sade, Fourier, Loyola*. Trad. Mário Laranjeira. São Paulo: Martins Fontes, 2008.

Bastide, Roger. *Poesia afro-brasileira*. São Paulo: Martins Fontes, 1943.

Beckett, Samuel. *Esperando Godot*. Trad. Fábio de Souza Andrade. São Paulo: Cosac Naify, 2005.

Bernd, Zilá (org.). *Poesia negra brasileira: Antologia*. Porto Alegre: Instituto Estadual do Livro; AGE; IGEL, 1992.

__________. *Negritude e literatura na América Latina*. Porto Alegre: Mercado Aberto, 1987.

Blau, Herbert. “The Eye of Play: Subversion of the Postmodern”. In: Blau, Herbert. *Theories of Contemporary Culture*. Bloomington: Indiana University Press, 1987. v. 9, p. xviii.

Brandão, Ruth Silviano. “Passageiras da voz alheia”. In: Brandão, Ruth Silviano; Castello Branco, Lucia (orgs.). *A mulher escrita*. Rio de Janeiro: Maria Editora, 1989, pp. 17-24.

Callaloo: African Brazilian Literature. Editado por Leda Maria Martins, Phylis Peres, Carolyn Durham and Charles Howell. Baltimore: The John Hopkins University Press, v. 18, n. 4, 1995.

Camargo, Oswaldo de. "Literatura negra: Fundamentos e conseqüências". *Suplemento Literário Minas Gerais*, Belo Horizonte, v. 21, n. 1033, 26 jul. 1986, p. 7.

__________. *O negro escrito: Apontamentos sobre a presença do negro na literatura brasileira.* São Paulo: Secretaria de Estado da Cultura, 1987.

__________, *Solano Trindade, o poeta do povo: Aproximações.* São Paulo: Com-Arte, 2009.

Carlos, Dione. *Dramaturgias do front*. São Paulo: Primata, 2017.

__________, *Palavra viva: Dramaturgias de Dione Carlos.* Belo Horizonte: Aquilombô, 2022.

Carneiro, Amanda. "Sonia Gomes: Ainda assim me levanto". In: Carneiro, Amanda; Fonseca, Raphael (orgs.). *Sonia Gomes: A vida renasce/ Ainda me levanto.* Niterói: Museu de Arte Contemporânea de Niterói; São Paulo: Museu de Arte de São Paulo, 2018.

Colina, Paulo. "Prefácio". In: Camargo, Osvaldo. *O negro escrito: Apontamentos sobre a presença do negro na literatura brasileira.* São Paulo: Secretaria de Estado da Cultura, 1987, pp. 11-3.

Collins, Patricia Hill. *Black Feminist Thought, Knowledge, Consciousness, and the Politics of Empowerment*. Nova York; Londres: Routledge, 1991.

Costa, Haroldo. "As origens do Brasiliana". *Dionysios. Especial Teatro Experimental do Negro*. Rio de Janeiro: MinC/Fundacen, n. 28, 1988, pp. 139-43.

Cruz e Sousa, João da. *Obra completa: Edição do centenário*. Organização de Andrade Muricy. Rio de Janeiro: José Aguilar, 1961.

__________. *Poesias completas*. São Paulo: Edições de Ouro, 1982.

Cuti. *Cadernos Negros*, São Paulo: Quilombhoje, n. 7, 1984, pp. 6-7.

__________. "Ela". In: Camargo, Osvaldo. *O negro escrito: Apontamentos sobre a presençado negro na literatura brasileira*. São Paulo: Secretaria de Estado da Cultura, 1987, pp. 200-2.

Davies, C. B. *Black Women, Writing and Identity: Migrations of the Subject*. Londres; Nova York: Routledge, 1994.

Deleuze, Gilles; Guattari, Félix. *Mil platôs*. Trad. Aurélio Guerra Neto, Ana Lúcia de Oliveira, Lúcia Cláudia Leão e Suely Rolnik. Rio de Janeiro: Editora 34, v. 3., 2008.

Derrida, Jacques. *A farmácia de Platão*. Trad. Rogério da Costa. São Paulo: Iluminuras, 1991.

Diniz, Guilherme Augusto. *A literatura dramática do Teatro Experimental do Negro: Entre a crítica e a história*. Dissertação (Mestrado em Estudos Literários) — Faculdade de Letras, Universidade Federal de Minas Gerais, Belo Horizonte, 2022.

Duarte, Constância Lima; Nunes, Isabella Rosado. *Escrevivência: A escrita de nós, reflexões sobre a obra de Conceição Evaristo*. Rio de Janeiro: Mina Edições e Arte, 2020.

Duarte, Eduardo de Assis (org.). *Literatura e afrodescendência no Brasil: Antologia crítica*. Belo Horizonte: Editora UFMG, 2011.

_________. *Literatura, política, identidades: Ensaios*. Belo Horizonte: FALE/UFMG, 2005.

Evaristo, Conceição. "A noite não adormece nos olhos das mulheres". *Cadernos negros*, São Paulo: Quilombhoje; Anita Garibaldi, n. 19, 1996.

_________. "Eu-mulher". In: Alves, Miriam (org.). *Finally us: Contemporary Black Brazilian Women Writers*. Trad. Carolyn Richardson Durham. Washington: Three Continent Press, 1995, p. 70.

_________. Maria. *Callaloo: African Brazilian Literature*. Baltimore: The John Hopkins University Press, v. 18, n. 4, 1995, pp. 942-4.

Faria, Álvaro Alves de. "A poesia simples como a vida". In: Trindade, Solano. *Cantares ao meu povo*. 2. ed. São Paulo: Brasiliense, 1981, pp. 7-19.

Fernandes, Sílvia. "Teatros pós-dramáticos". In: Guinsburg, Jacob; Fernandes, Sílvia (orgs.). *O pós-dramático*. São Paulo: Perspectiva, 2008, pp. 11-30.

Fernandes, Telma. *Vestido de noiva, um texto escrito no espaço*. Dissertação (Mestrado em Estudos Literários) — Faculdade de Letras, Universidade Federal de Minas Gerais, Belo Horizonte, 2005.

Ferreira, Elio. *Poesia negra das Américas: Solano Trindade e Langston Hughes*. Tese (Doutorado em Literatura) – Centro de Artes e Comunicação, Universidade Federal de Pernambuco, Recife, 2006.

Fonseca, Raphael. "Meu mundo é hoje". In: Carneiro, Amanda; Fonseca, Raphael (orgs.). *Sonia Gomes: A vida renasce/Ainda me levanto*. Niterói: Museu de Arte Contemporânea de Niterói; São Paulo: Museu de Arte de São Paulo, 2018, pp. 32-45.

Fortes, Luiz Roberto Salinas. *Retrato calado*. São Paulo: Cosac Naify, 2012.

Gama, Luiz. *Trovas burlescas*. 3. ed. São Paulo: Bentley Jr., 1904.

Gomes, Thiago de Melo. *Um espelho no palco: Identidades sociais e massificação da cultura no teatro de revista dos anos 1920*. Campinas: Editora Unicamp, 2004.

Guimarães, César. *Imagens da memória entre o legível e o visível*. Belo Horizonte: Editora UFMG, 1997.

Guimarães, Geni. "Verso nu. Constatação". In: Alves, Miriam (org.). *Finally us: Contemporary Black Brazilian Women Writers*. Trad. Carolyn Richardson Durham. Washington: Three Continent Press, 1995, p. 102.

Guinsburg, Jacob; Fernandes, Sílvia (orgs.). *O pós-dramático*. São Paulo: Perspectiva, 2008.

Heuvel, Michael Vanden. *Performing Drama/Dramatizing Performance, Alternative Theater and the Dramatic Text*. Michigan: The University of Michigan Press, 1993.

Jesus, Carolina Maria de. *Quarto de despejo: Diário de uma favelada*. São Paulo: Ática, 2006.

Kierkegaard, Søren. *Estudios esteticos II, de la tragedia y otros ensayos*. Madri: Ediciones Guadarrama, 1969.

Lehmann, Hans-Thies. *Teatro pós-dramático*. Trad. Pedro Süssekind. São Paulo: Cosac Naify, 2007.

Lei n. 1, de 1837, e o Decreto nº 15, de 1839, sobre a Instrução Primária no Rio de Janeiro. *História da Educação*, ASPHE/FaE/UFPel, Pelotas, n. 18, set. 2005, pp. 199-205.

Lepecki, André. "Coreopolítica e coreopolícia". *Revista Ilha*, Florianópolis, v. 13, n. 1, jan./jun. 2011.

Ligiéro, Zeca (org.). *O Percevejo: Revista de Teatro, Crítica e Estética. Estudos da Performance*, Rio de Janeiro: Unirio, ano 11, n. 12, 2003.

Lima, Eugênio; Ludemir, Julio (orgs.). *Dramaturgia negra*. Rio de Janeiro: Funarte, 2018.

Lima, Luiz Costa. *Mimeses e modernidade: Formas das sombras*. Rio de Janeiro, Edições Graal, 1980.

Lima, Vicente. *Os poemas negros de Solano Trindade*. Recife: Casa da Cultura Afro-brasileira, 1940.

Lopes, Ângela Leite. *Nelson Rodrigues: Trágico, então moderno*. Rio de Janeiro: Editora UFRJ; Tempo Brasileiro, 1993.

Louzeiro, José. "Solano Trindade: Um poeta ameaçado pelo silêncio". In: Trindade, Solano. *Tem gente com fome e outros poemas*. Rio de Janeiro: Prefeitura da Cidade do Rio de Janeiro; Ministério da Cultura; Sindicato dos Escritores do Rio de Janeiro, 1988.

Lucinda, Elisa. "Aviso da lua que menstrua". In: Lucinda, Elisa. *O semelhante*. Rio de Janeiro: Record, 2000, pp. 123-5.

Ludner, J. "Ficciones de exclusión". In: Hollanda, Heloísa Buarque de (org.). *¿Y nosostras latinoamericanas? Estudos sobre gênero e raça*. São Paulo: Fundação Memorial da América Latina, 1992.

Machado, Serafina Ferreira. *Literatura como movimento humanizador: O projeto poético de Solano Trindade*. Dissertação (Mestrado em Letras) — Universidade Estadual de Londrina, Londrina, 2006.

Magaldi, Sábato. *Nelson Rodrigues: Dramaturgia e encenações*. São Paulo: Perspectiva; Edusp, 1987.

Martins, Leda Maria. *A cena em sombras*. São Paulo: Perspectiva, 1995.

__________. *Afrografias da memória*. São Paulo: Perspectiva, Belo Horizonte: Mazza Edições, 1997.

__________. *Os dias anônimos*. Rio de Janeiro: 7Letras, 1999.

__________. *Performances do tempo espiralar, poéticas do corpo-tela*. Rio de Janeiro: Cobogó, 2021.

_________. "Teatro do Negro". In: Guinsburg, J.; Faria, João Roberto; Lima, Mariangela Alves de (orgs.). *Dicionário do teatro brasileiro, temas, formas e conceitos*. São Paulo: Perspectiva. 2006, pp. 226-9.

Mbembe, Achille. *Necropolítica*. Trad. Renata Santini. São Paulo: n-1 edições, 2018.

Mendes, Miriam Garcia. *A personagem negra no teatro brasileiro (entre 1838 e 1888)*. São Paulo: Ática, 1982.

Mombaça, Jota. *Não vão nos matar agora*. Rio de Janeiro: Cobogó, 2021.

Morrison, Toni. *Playing in the Dark, Whiteness and the Literary Imagination*. Cambridge; Londres: Harvard University Press, 1992.

Nascimento, Abdias (org.). *Dramas para negros e prólogo para brancos: Antologia de teatro negro brasileiro*. Rio de Janeiro: Teatro Experimental do Negro, 1961.

_________(org.). *Dramas para negros e prólogo para brancos: Antologia de teatro negro brasileiro*. São Paulo: Temporal; Rio de Janeiro: Ipeafro, 2024.

_________. *O quilombismo: Documentos de uma Militância Pan-Africanista*. Petrópolis: Vozes, 1980.

_________. *Teatro Experimental do Negro: Testemunhos*. Rio de Janeiro: Edições GRD, 1966.

_________. "Teatro experimental do negro: Trajetória e reflexões". *Estudos Avançados*, São Paulo, v. 18, n. 50, 2004, pp. 209-24.

Nascimento, Abdias; Semog, Éle. *Abdias Nascimento: O griot e as muralhas*. Rio de Janeiro: Pallas, 2006.

Nepomuceno, Nirlene. *Testemunhos de poéticas negras*: *De Chocolat e a Companhia Negra de Revistas no Rio de Janeiro (1926-1927)*. Dissertação (Mestrado em História) — Pontifícia Universidade Católica de São Paulo, São Paulo, 2006.

Nóvoa, Victor. *Mãos Trêmulas/Manos trémulas*. Ed. bilíngue. São Paulo: Patuá, 2024.

Pereira, Edimilson de Almeida. *Casa da palavra: Obra poética 3*. Belo Horizonte: Mazza, 2003.

_________. *Nós, os Bianos*. Belo Horizonte: Mazza, 1996.

_________. "Poéticas insurgentes". *Guaicurus*, Belo Horizonte, n. 5, 2022, pp. 16-28.

Pereira, Victor Hugo Adler. "O TEN e a modernidade". *Dionysios*. Especial Teatro Experimental do Negro. Rio de Janeiro: MinC/Fundacen, n. 28, 1988, pp. 65-77.

Queiroz Júnior, Teófilo. *Preconceito de cor e a mulata na literatura brasileira*. São Paulo, Ática, 1975.

Ramos, Luiz Fernando. "Pós-dramático ou poética da cena?". In: Guinsburg, Jacob; Fernandes, Sílvia (orgs.). *O pós-dramático*. São Paulo: Perspectiva, 2008, pp. 59-70.

Ribeiro, Esmeralda. "Continente sem fim". In: Alves, Miriam (org.). *Finally us: Contemporary Black Brazilian Women Writers*. Trad. Carolyn Richardson Durham. Washington: Three Continent Press, 1995, p. 82.

_________. "Guarde Segredo". *Cadernos Negros*, São Paulo: Quilombhoje, n. 14, 1991.

Risério, Antonio. *Oriki orixá*. São Paulo: Perspectiva, 1996.

_________. *Textos e tribos*. Rio de Janeiro: Imago, 1993.

Rodrigues, Nelson. *Teatro completo*. Organização e introdução de Sábato Magaldi. Rio de Janeiro: Nova Fronteira, 1981. 2 v.

Salaberg, Jhonny. *Buraquinhos ou o vento é inimigo do picumã*. Rio de Janeiro: Cobogó, 2018.

Samain, Etienne (org.). *Como pensam as imagens*. Campinas: Editora Unicamp, 2021.

Schechner, Richard. "O que é performance?". *O Percevejo*. Revista de Teatro, Crítica e Estética. Estudos da Performance, UNIRIO, ano 11, n. 12, 2003.

_________. *Performance Theory*. Nova York; Londres: Routledge, 1988.

Schechner, Richard; Appel, Willa (orgs.). *By Means of Performance, Intercultural Studies and Ritual*. Cambridge: Cambridge University Press, 1993.

Singer, Ben. "Modernidade, hiperestímulo e o início do sensacionalismo popular". In: Charney, Leo; Schwartz, Vanessa (orgs.). *O cinema e a invenção da vida moderna*. Trad. Regina Thompson. São Paulo: Cosac Naify, 2001, pp. 115-50.

Souza, Florentina. "Quilombo de palavra". In: Conceição, Jônatas; Barbosa, Lindinalva (orgs.). *Quilombo de palavras: A literatura dos afro-descendentes*. 2. ed. Salvador: CEAO/UFBA, 2000, pp. 9-10.

Steiner, George. *Antígonas*. Trad. Miguel Serras Pereira. Lisboa: Antropos, 1995.

Suassuna, Ariano. "Genealogia nobiliárquica do Teatro Brasileiro". *O Percevejo: Revista de Teatro, Crítica e Estética*, Rio de Janeiro: Unirio, ano 8, n. 8, 2000.

Tavares, Zulmira R. *Joias de família*. 4. ed. São Paulo: Brasiliense, 1995.

Taylor, Diana. "Hacia una definición de performance". *O Percevejo: Revista de Teatro, Crítica e Estética*. Estudos da Performance, UNIRIO, ano 11, n. 12, 2003.

_________. *The Archive and the Repertoire, Performing Cultural Memory in the Americas*. Londres: Duke University Press, 2003.

Trindade, Solano. *Cantares ao meu povo*. São Paulo: Brasiliense, 1981.

_________. *O poeta do povo*. São Paulo: Cantos e Prantos, 1999.

Ventura, Adão. *A cor da pele*. Belo Horizonte: Edição do Autor, 1980.

Xavier, Arnaldo. "Balada apocalírica n. 1". In: Bernd, Zilá (org.). *Poesia negra brasileira: Antologia*. Porto Alegre: Instituto Estadual do Livro; AGE; IGEL, 1992, pp. 128-9.

Zumthor, Paul. *Introdução à poesia oral*. Trad. Jerusa Pires Ferreira. São Paulo: Hucitec, 1997.

Origem dos textos

"Lavrar a palavra" foi originalmente publicado com o título "A fina lâmina da palavra" em Duarte, Eduardo de Assis (org.). *Literatura e afrodescendência no Brasil: Antologia crítica*, vol. 1. Belo Horizonte: Editora UFMG, 2011.

"O feminino corpo da negrura" foi originalmente publicado em *Aletria: Revista de Estudos de Literatura*, Belo Horizonte, Universidade Federal de Minas Gerais/Faculdade de Letras/Programa de Pós-Graduação em Estudos Literários, v. 4, pp. 111-21, 1996.

"Timbres da oralitura" e "Idiomas críticos", originalmente, são segmentos do texto publicado com o título "A fina lâmina da palavra" em Duarte, Eduardo de Assis (org.). *Literatura e afrodescendência no Brasil: Antologia crítica*, vol. 1. Belo Horizonte: Editora UFMG, 2011.

"Olhares ao retrovisor: Apontamentos sobre o teatro negro pós-abolição" é texto inédito.

"Em tons de preto" é texto inédito.

"Performance e drama: Pequenos gestos de reflexão" foi originalmente publicado em *Aletria: Revista de Estudos de Literatura*, Belo Horizonte, Universidade Federal de Minas Gerais/Faculdade de Letras/Programa de Pós-Graduação em Estudos Literários, v. 21, p. 101-9, 2011.

"A fatalidade do desejo: *Senhora dos afogados*, de Nelson Rodrigues" foi originalmente publicado em *Aletria: Revista de Estudos de Literatura*, Belo Horizonte, Universidade Federal de Minas Gerais/Faculdade de Letras/Programa de Pós-Graduação em Estudos Literários, v. 7, pp. 78-85, 2000.

"Dione Carlos: Uma dramaturgia de afetos" foi desenvolvido a partir de texto escrito para *Palavra viva: Dramaturgias de Dione Carlos*, Belo Horizonte: Aquilombô, 2022.

"Por onde sopram as ventanias: Transitoriedades espaço-temporais em *Buraquinhos*, de Jhonny Salaberg" é texto inédito.

"*Macquinária 21*: Bailados de luzes e sons" foi originalmente publicado em Ione de Medeiros (org.). *Grupo Oficcina Multimédia 45 anos*. Belo Horizonte: Lucias/Adaap, 1ª ed., pp. 73-4, 2022.

"Entre as mãos, gravitam lembranças" foi desenvolvido a partir de texto escrito para Nóvoa, Victor. *Mãos trêmulas*. São Paulo: Editora Patuá, 2024.

"Os falseios da mimese em *Joias de família*, de Zulmira Tavares" foi originalmente publicado com o título "Tal pai, qual filha? Os falseios da mimese em Jóias de família" em *O Eixo e a Roda* (UFMG), Belo Horizonte, v. 7, pp. 129-43, 2001.

"Gravuras da voz: Solano Trindade" foi originalmente publicado com o título "Solano Trindade" em Duarte, Eduardo de Assis (org.). *Literatura e afrodescendência no Brasil: Antologia crítica*, vol. 1. Belo Horizonte: Editora UFMG, 2011.

"Jota Mombaça, treliças de uma poética do aterro" foi o texto curatorial para a exposição individual Saberá/As Filhas do Menor Chuvisco, de Jota Mombaça, na galeria Martins&Montero, São Paulo, em abril de 2024.

"No ar, esculturas bailarinam, bilros de Sonia Gomes" foi originalmente publicado em Miyada, Paulo (org.). *Sonia Gomes — Assombrar o mundo com beleza*. Rio de Janeiro: Cobogó, 2024.

Todos os textos anteriormente publicados foram revistos e reelaborados pela autora para a presente publicação.

CIP-BRASIL. CATALOGAÇÃO NA PUBLICAÇÃO
SINDICATO NACIONAL DOS EDITORES DE LIVROS, RJ

M343f

Martins, Leda Maria

A fina lâmina da palavra / Leda Maria Martins. - 1. ed. - Rio de Janeiro : Cobogó, 2025.

264 p. ; 21 cm.

ISBN 978-65-5691-179-3

1. Literatura brasileira - História e crítica. 2. Teatro brasileiro - História e crítica. I. Título.

25-99819.0 CDD: 809
CDU: 82.09(81)

Gabriela Faray Ferreira Lopes - Bibliotecária - CRB-7/6643

Editora-chefe
Isabel Diegues

Coordenação editorial
Aïcha Barat

Gerente de produção
Melina Bial

Assistente de produção
Jade Gomes

Prepração de texto e revisão
Olívia Almeida

Revisão final
Débora Donadel

Projeto gráfico e diagramação
Mari Taboada

Capa
Mariana Misk

Foto de capa
Rafael Motta

Gestão e produção executiva
Elias Gibran (Napele Produções Artísticas)

Este livro foi realizado com recursos da Lei Municipal
de Incentivo à Cultura de Belo Horizonte.

REALIZAÇÃO PATROCÍNIO INCENTIVO

1378/2022

2025

1ª impressão

Este livro foi composto em Calluna.
Impresso pela Gráfica Viena,
sobre papel Pólen Natural 70 g/m².